Otmar Jung
Franz-Ludwig Knemeyer
unter Mitarbeit von Christian Gebhardt

Im Blickpunkt:
Direkte
Demokratie

W0068805

Otmar Jung
Franz-Ludwig Knemeyer
unter Mitarbeit von Christian Gebhardt

Im Blickpunkt:
Direkte Demokratie

OLZOG

Die Deutsche Bibliothek - CIP-Einheitsaufnahme

Jung, Otmar :
Im Blickpunkt: Direkte Demokratie / Otmar Jung; Franz-Ludwig
Knemeyer. Unter Mitarb. von Christian Gebhardt - München :
Olzog, 2001
ISBN 3-7892-8063-1

Konzeption:
DR. ANDREAS KOST und PROF. DR. HANS-GEORG WEHLING
Redaktion:
DR. ANDREAS KOST und OLZOG VERLAG

ISBN 3-7892-8063-1
© 2001 Olzog Verlag GmbH, München
Internet: http://www.olzog.de

Umschlagentwurf: Gruber & König, Augsburg
Druck- und Bindearbeiten: Presse-Druck, Augsburg
Printed in Germany

Inhalt

B. BÜRGERBEGEHREN UND BÜRGERENTSCHEID – EIN WESENTLICHES STRUKTURELEMENT IN DEN REFORMIERTEN KOMMUNALVERFASSUNGEN

TEIL 1:
Repräsentative oder plebiszitäre Demokratie? Spannung oder Ergänzung?

FRANZ-LUDWIG KNEMEYER

TEIL 2:
Konkrete Ausgestaltung von Bürgerbegehren und Bürgerentscheiden in den verschiedenen Kommunalverfassungen, insbesondere im Freistaat Bayern
CHRISTIAN GEBHARDT

Vorwort

Demokratie lebt von der aktiven Mitwirkung ihrer Bürgerinnen und Bürger. Dieser Grundsatz ist - nach vielen Irrungen und Wirrungen deutscher Geschichte - mittlerweile in der Bundesrepublik unstrittig und auch erwünscht. Will man die Menschen aber für praktisches politisches Engagement gewinnen, wird man verstärkt ein besonderes Augenmerk auf die Ausgestaltung des politischen Prozesses legen müssen, um effektive Möglichkeiten der Selbstorganisation zu schaffen. Konkret hat hier insbesondere die direkte Demokratie in den letzten Jahren einen Aufschwung erfahren und ist dabei in den Blickpunkt der Öffentlichkeit geraten.

Verspricht sie eine Verbesserung der politischen Kultur, ist sie gar ein Mittel gegen die viel beschworene Politikverdrossenheit oder hebelt sie doch die bewährte repräsentative Demokratie aus und wird gar von einem undurchsichtigen „Politikkartell" für eigene Interessen missbraucht? Nun, die letztgenannten Befürchtungen sind praktisch unbegründet, nicht nur, weil direktdemokratische Partiziptionsinstrumente wie Bürgerbegehren und Bürgerentscheid ob ihres materiellen und strukturellen Kommunikations- und Organisationsaufwandes de facto die Ausnahme bleiben, sondern weil sie grundsätzlich aus dem parlamentarischen System der Demokratie hervorgegangen sind und sich in ihrer institutionellen Logik daran ausrichten. Außerdem befindet sich direkte Demokratie in einem fortwährenden Entwicklungsprozess, und welche Partizipationsinstrumente auch eingesetzt werden (seien es Plebiszite oder Referenden), können sie nicht den Anspruch auf Perfektion erheben und als demokratisches Allheilmittel dienen. Vielmehr sind direkte Demokratie bzw. politische Partizipation erst einmal bedeutsame Postulate und Formen demokratischer Gesellschaften, die einen legitimations- und akzeptanzstiftenden Zweck erfüllen. Damit ist politische

Partizipation zweck- und zielorientiertes Handeln und zugleich abhängig von den jeweiligen politisch-institutionellen Kontexten. Unter demokratietheoretischen Gesichtspunkten können dabei direktdemokratische Instrumente wie bspw. Bürgerbegehren und Bürgerentscheid auf kommunaler Ebene das primär vertikal ausgerichtete repräsentativ-politische System als Gegengewicht entlasten, um die vor überzogenen Erwartungen nicht selten als absoluter Maßstab geltende repräsentative Demokratie differenzierter zu beurteilen.

Diese Schrift nimmt die Geschehnisse der direkten Demokratie in den Blickpunkt und stellt sie praktisch auf den Prüfstand. In seinem Beitrag „Mehr direkte Demokratie wagen" geht der Politikwissenschaftler *Otmar Jung* auf Grundfragen direkter Demokratie ein und analysiert ihre historischen Entwicklungen sowie ihre aktuellen Probleme in Deutschland. Sehr prononciert und mit vielen Beispielen versehen, verknüpft er deutsche Fragen mit deutschen Ängsten und zeigt, was direkte Demokratie nicht leisten kann, aber auch, was man nicht vor ihr zu befürchten hat, bzw. was man von ihr vernünftigerweise erwarten kann. Sein Beitrag ist eine politisch abwechslungsreiche und optimistische Darstellung der unmittelbaren Bürgerbeteiligung als Demokratieforum auf den verschiedenen politischen, föderalen Ebenen in der Bundesrepublik. Der Kommunal- und Verfassungsrechtler *Franz-Ludwig Knemeyer* durchleuchtet juristisch präzise verfassungs- und einfachgesetzliche Regelungen repräsentativer und plebiszitärer Demokratie. Auf der kommunalen Ebene führt er diese Aspekte konkret auf die Fragestellung zu: Welche Art von Plebiszit verträgt unsere kommunale Selbstverwaltung? Im darauf folgenden Teil werden von seinem wissenschaftlichen Mitarbeiter *Christian Gebhardt* Bürgerbegehren und Bürgerentscheid - als die bedeutendsten kommunalen Partizipationsinstrumente - in ihrer grundsätzlich gleichen, aber im Detail in den einzelnen Ländern unterschiedlichen Ausgestaltung ausführlich dargelegt, rechtlich eingeordnet und gewertet. Dem Schlussteil bleibt eine Gesamtbewertung sowie die Forderung von *Knemeyer* vorbehalten: kommunale Selbstverwaltung neu zu denken. Den aufmerksamen Lesern wird es im Übrigen nicht entgehen, dass die Positionen von *Jung* und *Knemeyer* zwar nicht unmittelbar kontrovers sind, jedoch durchaus unterschiedliche Differenzierungen und Bewertungen hinsichtlich der direkten Demokratie erlauben. *Knemeyer* wertet bspw. die Erwartungshaltungen an die plebiszitäre Demokratie deutlich zurückhaltender als *Jung*, auch wenn für beide das repräsentative System die relevante Basis ist. Ebenso gibt es in Einzelfragen Abweichungen: So hält *Knemeyer* im Gegensatz zu *Jung* die Ergänzung durch Volksentscheid auf Bundes- und Europaebene für systemfremd und unangebracht. Die geneigten Leser mögen daraus auch einen Reiz für diese Lektüre ziehen, da hiermit die Gefahr einer einseitigen Parteinahme pro direkte Demokratie gebannt ist.

Entstanden ist die Idee für diese Publikation aus dem Kreis der Landeszentralen und der Bundeszentrale für politische Bildung, die u.a. ihre Aufgaben darin sehen, die politische Kultur in Deutschland bzw. in den Ländern zu fördern. Ihr Ziel ist es, Bürgerinnen und Bürger in der Wahrnehmung demokratischer Verantwortung in Staat und Gesellschaft zu unterstützen und ein Forum für entsprechende Diskussionsprozesse zu bieten. Dazu bedarf es vieler Akteure, brauchbarer Konzepte und einer reichhaltigen Kommunikation. Direkte Demokratie ist auf diesem Wege dafür bestimmt ein kleiner, aber nicht unwichtiger Baustein.

ANDREAS KOST

A.
Mehr direkte Demokratie wagen

OTMAR JUNG

I. Einleitung

Direkte Demokratie ist auch in Deutschland ein hochaktuelles Thema. Im September 2000 fand bei unseren Nachbarn innerhalb von fünf Tagen eine Reihe wichtiger Volksabstimmungen statt: In der Schweiz lehnten die Stimmbürger sowohl Pläne für eine ökologische Steuerreform als auch einen Vorstoß zur Begrenzung des Ausländeranteils an der Bevölkerung ab; in Frankreich wurde die Verkürzung der Amtszeit des Staatspräsidenten von sieben auf fünf Jahre im Referendum gebilligt, und in Dänemark stimmte eine Mehrheit an den Urnen gegen die Einführung der Gemeinschaftswährung EURO. In Deutschland selbst steht seit dem Parteispendenskandal des Frühjahrs 2000 das Diktum des politischen Korrespondenten der Wochenzeitung „DIE ZEIT", *Robert Leicht,* im Raum: „Gegen den Parteienstaat helfen nur noch Volksentscheide".

Und schwierige Fragen kommen hinzu: Spricht insbesondere der Ausgang der Volksabstimmung in Dänemark *für* die Vernunft unserer nördlichen Nachbarn, die sich keinem „Währungsabenteuer" anschließen wollen? Oder spricht er *gegen* Volksentscheide zumindest in diesen Dingen, weil internationale Finanzpolitik zu kompliziert ist?

Auch wenn direkte Demokratie aktuell und umstritten ist, wäre es ein Irrtum, darin ein Modethema zu sehen. Wir erleben gegenwärtig in Deutschland lediglich eine Konjunktur politischer Grundfragen, welche sich die Bürger in den nordamerikanischen Einzelstaaten schon vor über 220 (!) Jahren und in der Schweiz seit mindestens 170 Jahren gestellt und beantwortet haben. Es geht um Fragen, welche die moderne parlamentarische Demokratie eigentlich von Anfang an begleitet haben. Diese Fragen haben auch in Deutschland bereits weitgehend eine Antwort gefunden. Volksbegehren und Volksentscheid gibt es inzwischen in allen deutschen Ländern, desgleichen Bürgerbegehren und Bürgerentscheid auf

Kommunalebene. Nicht über direkte Demokratie überhaupt wird heute kontrovers diskutiert, sondern darüber, ob man *mehr direkte Demokratie wagen* solle, und zwar in zwei Richtungen:

- Soll die direkte Demokratie auf Landes- und Kommunalebene ausgebaut bzw. erleichtert und
- vor allem sollen Volksbegehren und Volksentscheid auch auf Bundesebene eingeführt werden?

Oder ist es mit dem erreichten Stand der direkten Demokratie genug? Eine vernünftige Antwort darauf muss freilich zu den Grundfragen zurückgehen und auch betrachten, wie die Dinge in Deutschland sich entwickelt haben.

II. Grundfragen – prinzipielle Antworten alter Demokratien

Im Folgenden wird von direktdemokratischen Institutionen als *Ergänzung der parlamentarischen Demokratie* gesprochen. Ausgangspunkt dieser Idee von direkter Demokratie ist also weder die herrschaftsfreie Gesellschaft noch die sich selbst regierende Landsgemeinde, sondern das moderne politische Repräsentativsystem mit dem Parlament als Herzstück. Diese Volksvertretung ist kein Notbehelf, etwa weil in Deutschland zu viele Menschen leben, um eine große Volksversammlung abzuhalten, oder weil das Internet noch nicht überall nutzbar ist. Vielmehr ist durchaus ein Loblied auf das Parlament mit zwei Strophen angebracht.

Erstens: Die Einrichtung eines Parlaments entspricht der Rationalität der gesellschaftlichen Arbeitsteilung. „Morgens zu jagen, nachmittags zu fischen, abends Viehzucht zu treiben, nach dem Essen zu kritisieren, wie ich gerade Lust habe, ohne je Jäger, Fischer, Hirt oder Kritiker zu werden", wie die Klassiker des Kommunismus fabulierten, ist eine rückwärtsgewandte Utopie, aber kein erstrebenswertes Ziel. Die dauernde intensive Beschäftigung mit politischen Themen kann man ruhig einer Gruppe von Leuten überlassen, wie auch die Jagd oder das Kritisieren und die Befriedigung anderer gesellschaftlicher Bedürfnisse.

Zweitens: Die Angehörigen dieser Gruppe, die also Politik zu ihrem Beruf machen, sammeln ein Fachwissen an und lernen spezielle Verfahren anzuwenden, was sie zu Experten macht. Politikexperten aber sind – wie alle Experten – erst einmal zu respektieren. Das moderne demokratische Parlament ist jedenfalls ein Spitzenprodukt der politischen Kultur des Westens. Was ein solches Parlament politisch leistet, wird sogleich deutlich im Kontrast zu ohnmächtigen Pseudo-Parlamenten wie früher die Volkskammer der DDR oder heute noch der chinesische Volkskongress.

Direkte Demokratie versucht nun zwei Probleme zu lösen, welche das Repräsentativsystem von Anfang an aufwarf: das Problem der Kontrolle und das Problem der Erneuerung.

1. Wer kontrolliert das Parlament? Das Referendum

Parlamentarische Demokratie organisiert Herrschaft auf Zeit, die denjenigen übertragen wird, die bei Wahlen die Mehrheit errungen haben. Eine Legislaturperiode lang dürfen die Abgeordneten – grundsätzlich nur ihrem Gewissen verpflichtet – politisch entscheiden, wie sie es für richtig halten. Die Kontrolle ihres Handelns geschieht bei der nächsten Wahl, wo die Abgeordneten gegebenenfalls die Missbilligung der Bürger erfahren, indem sie kein Mandat mehr erhalten.

Solche Art von „Kontrolle" hilft freilich in der Sache nicht. Das Volk mag bei der nächsten Wahl z. B. alle Abgeordneten „zum Teufel jagen", welche die Einführung des EURO beschlossen haben; die getroffene Entscheidung selbst bleibt gleichwohl bestehen. Viele Entscheidungen sind aus tatsächlichen oder rechtlichen Gründen auch nicht mehr rückgängig zu machen. Die Macht der Parlamentsmehrheit ist zwar zeitlich begrenzt, aber in der

Sache uneingeschränkt; von der Verfassungsgerichtsbarkeit abgesehen, die aber nur auf die Einhaltung der (weiten) Grenzen der Verfassung achtet, ist sie auch unkontrolliert. Dies ist nicht selbstverständlich. Während der Revolution von 1848 wurde ein Parlamentarismus, wie wir ihn heute kennen, als eine Variante des Absolutismus abgelehnt; man habe doch keine Lust – hieß es –, *einen* Herrscher gegen 300 kleine Herrscher einzutauschen.

Abhilfe bringt die direkte Demokratie durch das *Referendum:* Dabei wird ein vom Parlament beratenes und beschlossenes Gesetz den Bürgern vorgelegt, die es billigen oder verwerfen können. Die Mehrheit, die bei Wahlen errungen wird, berechtigt zur Herrschaft also nur unter dem Vorbehalt, dass das Volk nicht im konkreten Fall die Entscheidung selbst trifft. Für diese Lösung des Kontrollproblems gibt es zwei Hauptformen:

- Bei bestimmten Themen ist von vornherein festgelegt, dass der Beschluss des Parlaments noch dem Volk vorgelegt werden muss (obligatorisches Referendum). Dies gilt beispielsweise oft bei Verfassungsänderungen.

- Eine Minderheit – der Abgeordneten, der Bürger oder beider zusammen – kann die Abhaltung eines Volksentscheids fordern (fakultativ-minoritäres Referendum). Dieses Referendumsbegehren einer Minderheit gleicht einer Frage. Die Antwort bei der Volksabstimmung gibt aber immer die Mehrheit, freilich – das ist sozusagen der „Pfiff" der direkten Demokratie – die jeweils aktuelle Mehrheit und damit potenziell eine *andere Mehrheit* als jene, die bei der letzten Parlamentswahl ermittelt und innerhalb des Repräsentativsystems für vier Jahre festgezurrt wurde.

In Ländern, in denen solche Referenden häufiger abgehalten werden, lässt sich ein bemerkenswerter Lernprozess beobachten: Gemeint ist die so genannte Vorwirkung. Wie jede Kontrollinstitution bzw. jedes Korrekturverfahren wirkt das Referendum allein schon durch sein bloßes Vorhandensein. Die Verwaltung arbeitet eben effektiver, wenn sie einen Rechnungshof über sich

weiß. Der Gesetzgeber wird auf die Verfassung besonders sorg-
fältig achten, wenn ein Verfassungsgericht existiert, das zur Nor-
menkontrolle befugt ist. Entsprechend „läuft" ein ganzer Politik-
betrieb anders, wenn den Akteuren bewusst ist, dass die einfachen Bürger gegebenenfalls eine Sachentscheidung an sich ziehen und die Lösung der politischen Profis verwerfen können. Eine
gewisse Selbstherrlichkeit, die bei der politischen Klasse in
Deutschland gegenwärtig kaum mehr zu übersehen ist, dürfte
dadurch zurückgedrängt werden. Manche Fehler, die uns heute
noch empören, wird das Parlament – die plebiszitäre Revision
vor Augen – erst gar nicht mehr machen. Fachlich ausgedrückt
heißt dies: Die Responsivität der Politik im repräsentativen System wird gesteigert, wenn die Parlamentsentscheidung in wichtigen Fällen an den empirischen Volkswillen gekoppelt ist.

2. Frischer Wind in die Politik! Die Volksgesetzgebung

So weise die Institution des Referendums ist, bleibt es doch abhängig vom Parlament. Dieses hat den zeitlichen und logischen
Vortritt, das Volk besitzt nur die nachträgliche Entscheidungs-
kompetenz, und es kann auch bloß zustimmen oder verwerfen.
Damit sind die beiden Schwachpunkte der Referendums-Form
markiert: Was ist, wenn man die parlamentarisch vorgeschlagene
Lösung nicht nur verwerfen, sondern durch eine positive andere
ersetzen will? Was ist vor allem, wenn das Repräsentativsystem
gar keine Vorlage liefert, ein Problem ignoriert oder ein Schweige-
kartell bildet? Die Politikexperten im Parlament haben eben auch
ihre Grenzen, nämlich die typischen Verengungen der Spezialisten.
Gemeint sind alte Denkgewohnheiten, hergebrachte Regelungs-
modelle und eingefahrene Verhaltensweisen. Nicht dass es an Ide-
en mangelte: Wir haben – nach den Alternativen des ehemaligen
Bundespräsidenten *Roman Herzog* – kein Erkenntnis-, sondern
ein Umsetzungsproblem. Wenn innerhalb der hierarchisch struk-
turierten Einheiten wie Parlament, Fraktion oder Koalition ein

„Oberer" verfügt, etwas sei „nicht durchsetzbar", ist jede politische Initiative am Ende – unter einer Voraussetzung, nämlich dem politischen Entscheidungsmonopol des Parlaments.

Die Abhilfe der direkten Demokratie heißt *Volksgesetzgebung*. Auf dem Wege von Volksinitiative, Volksbegehren und Volksentscheid bricht sie dieses Monopol auf, indem sie – ohne dass die Berufspolitik sie aufhalten könnte – zu einer vom Volk durchgesetzten Entscheidung führt.

Nun werden ganz neue Fragen möglich, beispielsweise ob man nicht die Steuern und Staatsausgaben dauerhaft begrenzen soll oder ob das Land überhaupt eine Armee braucht. Derlei wurde gewiss auch im parlamentarischen Raum schon erörtert, aber als „nicht machbar" abgetan. Mittlerweile wurden diese Fragen auf dem genannten Qualifikationswege dem Volk zur Beantwortung vorgelegt. 1978 haben die Bürger Kaliforniens und 1989 die Schweizer durch Volksabstimmung darüber entschieden.

Es bereichert das politische Leben, wenn die Profis im Parlament nur noch das Meiste, aber nicht mehr Alles zu entscheiden haben. Die Rückwirkung auf das Repräsentativsystem ist ähnlich wohltuend wie beim Referendum. Das „Abheben" der Volksvertreter von denen, die sie vertreten sollen, wird gebremst. Die Verbindung zur Basis und die Fühlung mit der Bevölkerung nimmt zu.

III. Direkte Demokratie in Deutschland: eine schwierige Geschichte

1. Die politische Entwicklung ist blockiert

In US-Einzelstaaten gibt es seit 1778 Referenden, in der Schweiz seit der so genannten Regeneration ab 1830 verschiedene Formen direkter Demokratie auf kantonaler Ebene, dazu kommen einige Volksabstimmungen während der Französischen Revolution bzw.

unter Napoleon. Alle diese Anregungen fielen in Deutschland auf fruchtbaren Boden während der Revolution von 1848, und zwar in den vier (wie sie damals hießen) Freien Städten, jenen aristokratischen Stadtrepubliken, die sich nun den ausländischen Vorbildern öffneten. Zu nennen sind insbesondere Bremen mit einem so genannten arbitratorischen Plebiszit (das Volk als Schiedsrichter) bei Meinungsverschiedenheiten zwischen Senat und Bürgerschaft sowie Hamburg mit dem obligatorischen Verfassungsreferendum.

In den Referenzländern entfaltete sich die direkte Demokratie weiter. Nach den Referenden wurden Formen der Volksgesetzgebung in fast allen eidgenössischen Kantonen ausgebildet, und in den USA trat die Volksgesetzgebung nach ihrem ersten Durchbruch 1898 in South Dakota einen wahren Siegeszug an.

Mit diesen demokratischen Fortschritten mitzuhalten war in Deutschland bis 1918 nicht möglich. Die politische Entwicklung erwies sich als blockiert. Zwar forderten die Programme der deutschen Arbeiterbewegung regelmäßig die „direkte Gesetzgebung durch das Volk". Dies sei, wie es in den Standarderläuterungen zum „Erfurter Programm" der SPD von 1891 hieß, „die naturnotwendige Folge der Repräsentativ-Verfassung" und ein „Mittel der Aufsicht, der Prüfung und der Berichtigung" der parlamentarischen Arbeit. Aber es blieb bei der Forderung. Offenbar ertrug das monarchische Prinzip zwar die demokratische Mitsprache des Volkes über die Wahl seiner Vertreter, nicht dagegen die Entscheidung eben dieses Volkes in der Sache selbst.

2. Die „Weimarer Erfahrungen"

Mit der Novemberrevolution war dieses Hindernis beseitigt. Den Vorreiter machte Baden, das in seiner Verfassung großzügige Regelungen für die Volksinitiative und das Referendum traf und auch die Verfassung selbst zur Volksabstimmung stellte. Dieses Verfassungsreferendum vom 13. April 1919 war die erste Volksabstimmung in Deutschland überhaupt.

Auch die anderen Landesverfassungen nahmen in der Folge durchweg Bestimmungen über Volksbegehren und Volksentscheid auf, und insbesondere tat dies die Deutsche Nationalversammlung in Weimar, womit die neue deutsche Republik – so sahen es die Akteure – zum modernsten Stand demokratischer Freiheit aufschloss.

Nach der Weimarer Reichsverfassung (WRV) konnte das Volk durch Volksbegehren und Volksentscheid selbst Gesetze beschließen. Ferner waren Referenden über Gesetzentwürfe möglich, und endlich gab es das arbitratorische Plebiszit, bei dem das Volk gewissermaßen als Schiedsrichter zwischen Reichstag und Reichsrat fungieren sollte.

Freilich handelte es sich bei der Liebe der Nationalversammlung zur direkten Demokratie eher um platonische Gefühle, wie zwei nachgerade *deutsche* Klauseln belegen. Im Unterschied zur Schweiz und zu den US-Bundesstaaten, die allein die Aktivbürger bei der Volksabstimmung entscheiden lassen – die also an die Urnen kommen und mit Ja oder Nein abstimmen –, bestimmte Art. 75 WRV, dass ein solcher Volksentscheid nur gültig sei, wenn sich die Mehrheit der Stimm*berechtigten* an der Abstimmung beteiligte (Beteiligungsquorum), womit auch die Unschlüssigen und Desinteressierten rechnerisch einbezogen wurden. Und geradezu im Gegensatz zu den beiden Referenzländern, in denen die Entscheidung über Geld zum Kern des Selbstbestimmungsrechts der steuerzahlenden Bürger gehörte, nahm Art. 73 Abs. 4 WRV den Haushaltsplan, Abgabengesetze und Besoldungsordnungen von der Volksgesetzgebung aus. Die Tatsache, dass der Reichspräsident sehr wohl ein *Referendum* über diese Materien anordnen konnte, zeigt den Hintergrund dieses so genannten Finanztabus: Die Verfassung ging durchaus davon aus, dass das Volk auch über die Wirtschafts-, Finanz- und Sozialpolitik vernünftig entscheiden könnte. Das Verbot der Initiative „von unten" rührte nicht daher – wie es oft missverstanden wird –, dass die Volksvertreter das Volk für inkompetent (gleich intellektuell überfordert) gehalten hätten, sondern dass sie es als schwach (im Sinne von moralisch gefährdet) ansahen.

Dass es keinen Frühling der direkten Demokratie in Deutschland gab, lag freilich auch an den Gesamtumständen, insbesondere der Krise, die alsbald die junge Republik erfasste. Als Stichworte seien genannt: Bürgerkrieg, Militärputsch, Verlust der republikanisch-demokratischen Mehrheit schon bei der Reichstagswahl im Juni 1920 und sich beschleunigende Inflation. Dass es da fast zwei Jahre dauerte, ehe auch nur das Ausführungsgesetz zustande kam, verwundert kaum.

Mit der Praxis war es dann ohnehin nicht weit her. Insgesamt wurden auf gesamtstaatlicher Ebene acht Volksbegehren förmlich beantragt und davon vier zugelassen; drei fanden tatsächlich statt, wovon zwei die erforderliche Eintragung von 10 % der Stimmberechtigten „schafften". Daraus resultierten zwei Volksentscheide – 1926 zur so genannten „Fürstenenteignung" und 1929 gegen den „Youngplan" –, die aber beide „dank" des Beteiligungsquorums des Art. 75 WRV von den jeweiligen Sachgegnern auf der Rechten bzw. der Linken erfolgreich boykottiert und sabotiert wurden. Statt anzutreten, gaben die Gegner jedesmal die Parole aus: „Bleibt zu Hause!" Warum? Zum kleinen politischen Einmaleins in Weimar gehörte:

- Boykott war effektiv – man konnte, da nun das Abstimmungsgeheimnis faktisch aufgehoben war, mittels der Sperrtechniken den Sozialdruck nutzen.
- Boykott war billig – man sparte sich die ganze Mobilisierungslast.
- Boykott war sicher – gegen die nachträgliche interpretative Vereinnahmung sämtlicher Nichterschienener als überzeugte Sachgegner konnten jene sich ja schlecht wehren.

So stimmten 1926 beim ersten reichsweiten Volksentscheid in Deutschland knapp 14,5 Mio. Bürger *für* den Gesetzentwurf, aber nur gut 0,5 Mio. *dagegen*. Damit war der Volksentscheid „mangels Beteiligung" gescheitert. Um sich das Ungeheuerliche der zugrunde liegenden Verfahrensregelung klarzumachen, muss man diese Daten nur ins Wahlrecht übertragen. Eine Partei(-enkoalition), auf die bei einer Wahl 14,5 Mio. Stimmen entfallen wären, hätte – bei etwa 30 Mio. Aktivbürgern seinerzeit – die absolute Mehrheit der Mandate bekommen.

Die direktdemokratische Praxis auf Landesebene in der Weimarer Zeit war insgesamt umfangreicher als auf Reichsebene, aber ihrerseits unbefriedigend: In den ruhigen Jahren (1924-1928) wurde kaum jemals ein Parlament per Volksgesetzgebung korrigiert. In der Endphase der Republik ab 1930 jedoch – als den Landesparlamenten oft keine Regierungsbildung mehr gelang – wurde überhaupt nur noch eine spezielle Variante praktiziert: Vor allem die NSDAP, aber auch die KPD, startete Volksbegehren zur Landtagsauflösung (der bekannteste Fall spielte in Preußen 1931), was aber nur einmal (im kleinen Oldenburg 1932) gelang. Diese Taktik der extremen Parteien, die von den in die Defensive gedrängten republiktreuen Parteien natürlich als Bedrohung wahrgenommen wurde, sollte auch die spätere Erinnerung an „Weimar" verdüstern.

Die Erfahrungen mit der direkten Demokratie in der Weimarer Zeit sind in der Tat nicht erhebend. Dafür gibt es zwei Gründe: Ein allgemeiner Grund lautet, dass die direkte Demokratie in der Praxis ähnlich von den Parteien abhängig ist wie die repräsentative Demokratie. Wenn aber der Weimarer Parlamentarismus wegen der damaligen Parteien ein trauriges Bild bot – insbesondere Verantwortungsscheu, Oppositionsmentalität in der Regierung, Wahrnehmung des politischen Gegners als Feind, (verbale) Militarisierung und Brutalisierung, auch ein auffallend hohes Maß persönlicher Unzulänglichkeiten –, konnte die direkte Demokratie kaum besser aussehen. Die Parteien änderten ja auch nicht ihr Personal, ihren politischen Stil bzw. ihre propagandistischen Methoden, nur weil das Verfahren wechselte.

Ein spezieller Grund ist – wie die beiden „erfolgreich" hintertriebenen Volksentscheide auf Reichsebene demonstrierten –, dass man in Weimar eine unzulängliche Verfahrensordnung errichtet hatte. Damit fehlte es aber den Zeitgenossen an einer positiven Anschauung, wie direkte Demokratie als Korrekturinstrument funktionieren kann. Was sie erlebten, verband sich immer mit Scheitern und Fehlschlag, mit Hintertreibung und Frustration.

3. Die Volksabstimmungen der Nationalsozialisten

Im „Dritten Reich", wie die Nationalsozialisten ihre Diktatur nannten, hatte das Volk wegen des „Führerprinzips" kaum etwas zu sagen, schon gar nicht seine eigene Meinung. Wahlen und Abstimmungen wurden zwar beibehalten – beide Formen des Urnengangs fanden je dreimal statt –, aber sie bildeten pseudodemokratische Fassaden für das Regime vor allem mit Blick auf das Ausland. Ihr politischer Inhalt war jedoch entkernt.

Ist das Instrument der Volksabstimmung also, wie man häufig hören kann, durch die Praktiken der Nationalsozialisten diskreditiert? Hier hat der Staatsrechtslehrer *Graf v. Pestalozza* das Maßgebliche gesagt: Wenn der Missbrauch der Reichstagswahlen die Bundesrepublik nicht daran gehindert hat, es bei Parlamentswahlen „besser zu machen", taugt der Missbrauch der Volksabstimmungen nicht dazu, die Abschaffung praktisch aller plebiszitären Elemente auf Bundesebene zu legitimieren.

4. Der stecken gebliebene Wiederaufbau nach 1945

Sämtliche 13 Landesverfassungen, die 1946/47 in Kraft traten – nämlich in Württemberg-Baden, Bayern, Hessen, Thüringen, Sachsen-Anhalt, Mecklenburg, Brandenburg, Sachsen, Rheinland-Pfalz, Württemberg-Hohenzollern, Baden, Bremen und dem Saarland –, enthielten die Möglichkeit von Volksentscheiden, und fast alle richteten Systeme der Volksgesetzgebung ein. Die sieben Verfassungen in der Amerikanischen und Französischen Besatzungszone wurden überdies einer Volksabstimmung unterworfen. Diese erste Phase der Landesverfassungsgebung ist ein eindrucksvolles Dementi der angeblich so schlechten „Weimarer Erfahrungen" mit Volksbegehren und Volksentscheid, es sei denn, man nehme es leicht ironisch hin, dass „das negative Erfahrungsgut von Weimar mit dem zeitlichen Abstand zu wachsen" schien.

Eine neue Entwicklung begann mit dem Kalten Krieg, der Spaltung Deutschlands und der separaten Gründung der Bundesrepublik, die strikt repräsentativ bewerkstelligt und ausgestaltet wurde. Die Gründe sind historisch eindeutig: Die handelnden Personen, die im alliierten Auftrag am Rhein einen Weststaat errichteten, empfanden geradezu obsessive Angst vor Attacken der Kommunisten, zumal diese gezielt nationalistische Töne anschlugen. Wenn die SED 1947/48 das außerparlamentarische Feuerwerk der Volkskongressbewegung und – schwerpunktmäßig in der Sowjetischen Besatzungszone – eines Volksbegehrens „für die Einheit Deutschlands" veranstaltete, zogen westdeutsche Politiker daraus den Schluss, dass man die im Gegensatz zum Parlamentarismus „unberechenbare" direkte Demokratie möglichst überhaupt nicht zulassen dürfe. Kurz gesagt: Da man nicht sicher war, dass man den Weststaat mit dem Volke aufbauen könne, wählte man die „Lösung", es ohne das Volk zu versuchen. In konzentrierter Form findet sich all dies in dem Kampf wider das Gründungsplebiszit. Die Gründer der Bundesrepublik Deutschland – Ministerpräsidenten und Parlamentarischer Rat –, die sonst von den Alliierten Aufträge, Weisungen und Verbote hinzunehmen bereit waren, sträubten sich mit unvergleichlicher Hartnäckigkeit bis in die allerletzten Tage hinein dagegen, das Grundgesetz – wie es das erste der so genannten „Frankfurter Dokumente" vorgab – dem Volk zur Ratifizierung vorzulegen, was ein Plebiszit über die Weststaatsgründung überhaupt einschloss und hatten damit sogar Erfolg. Die Gründe für die Streichung der Volksgesetzgebung lagen entsprechend. Die Entscheidungen des Parlamentarischen Rates gegen Formen direkter Demokratie waren jeweils eine klassische „Kalte-Kriegs-Entscheidung". Eine Art plebiszitärer Quarantäne sollte die junge Bundesrepublik in der Übergangszeit vor Anfechtungen schützen, und den Kommunisten sollte keine Chance gegeben werden.

Die Akteure scheinen dies über der politischen und vor allem der ökonomischen Erfolgsgeschichte des neuen Staates bald verdrängt zu haben. Dankbar wurde allseits *Theodor Heuss'* entlastende Formel aufgegriffen, der Parlamentarische Rat habe wegen der negativen „Weimarer Erfahrungen" von der Aufnahme plebiszitärer Elemente in das Grundgesetz abgesehen. Diese Behauptung gehörte alsbald zum eisernen Bestand des politischen Katechismus der Bundesrepublik Deutschland. Einer situativen Entscheidung aus politischer Verlegenheit wurde so im nachhinein grundlegende verfassungspolitische Weisheit zugeschrieben.

Folgen hatte diese Geschichte der Weststaatsgründung zunächst wiederum auf der Landesebene. Die „nachgrundgesetzlichen" Landesverfassungen in Schleswig-Holstein, Niedersachsen und Hamburg sahen von einer direktdemokratischen Ergänzung des repräsentativen Systems ab.

5. Die alte Bundesrepublik

In ihren ersten 40 Jahren war die Demokratie in der Bundesrepublik Deutschland fast rein repräsentativ organisiert. Die Bürger gaben alle vier Jahre ihre Stimme ab, und zwar in einem doppelten Sinne: Durch ihre Wahlstimmen entschieden sie über die jeweilige Stärke der Parteien im Parlament. Aber zugleich hatten sie ihre Stimme *abgegeben* und für die folgenden Jahre nichts mehr *zu sagen*. Politik machte nun die gewählte Volksvertretung.

Dies soll nicht heißen, dass es zwischen Abgeordneten und Bürgern keine Verbindungen und Einwirkungen gegeben hätte. Die Politiker achteten auf die Meinungsumfragen, die ihnen die Demoskopie lieferte. Zumal die veröffentlichte Meinung (also

Presse, Rundfunk und Fernsehen) besaß durchaus Gewicht. Die wenigen Parteimitglieder unter den Bürgern konnten auch auf dem Wege der innerparteilichen Demokratie einen gewissen Einfluss nehmen. Aber jenseits dieser eher informellen Möglichkeiten bleibt es wahr, dass das Volk bis zur nächsten Wahl nichts mehr zu *entscheiden* hatte.

Unter diesem System sind in der Geschichte der Bundesrepublik immer wieder grundlegende Weichenstellungen vorgenommen worden, ohne das Volk zu fragen. Über die Weisheit dieser Entscheidungen (sozusagen von NATO bis EURO) mag man streiten, aber dass sie seinerzeit nur in der Volksvertretung durchgesetzt wurden, während es im Volk selbst keine mehrheitliche Unterstützung dafür gab und man sich auch gar nicht darum bemühte, wird heute von der politischen Klasse selbst offen eingestanden.

Dass die Bundesrepublik Deutschland in diesen vier Jahrzehnten – gemessen an anderen Epochen der deutschen Geschichte – insgesamt ganz gut regiert worden ist, wird kaum jemand in Abrede stellen. Aber es war, um es knapp auf den Begriff zu bringen, immer eine Regierung *für* das Volk und keine Regierung *durch* das Volk. Die Bundesrepublik Deutschland war in gewissem Sinne eine *obrigkeitsstaatliche* Demokratie.

6. Der Siegeszug des direktdemokratischen Gedankens in den 90er Jahren auf Landes- und Kommunalebene

Seit 1990 sind in einer wahren Verfassungsbewegung acht neue Landesverfassungen in Kraft getreten – in Schleswig-Holstein, den fünf ostdeutschen Ländern, in Niedersachsen und in Berlin. Ferner wurden einige alte Verfassungen revidiert, so in Bremen, Hamburg und Rheinland-Pfalz. In mehr als der Hälfte aller Bundesländer hat also eine tief greifende Änderung der rechtlichen Grundordnung stattgefunden, und durchweg ging damit eine Entscheidung für (mehr) direkte Demokratie einher.

Woher stammt diese Verfassungsbewegung? Es haben sich hier zwei politische Schubkräfte in einer einzigartigen Verbindung entwickelt. In Schleswig-Holstein wurde die Besinnung nach der Staatskrise der *Barschel*-Affäre – mit dem makabren Höhepunkt des Rücktritts und Selbstmords eines Regierungschefs – fruchtbar gemacht für eine in mehrerer Hinsicht wegweisende Verfassungsreform, die gerade in der Perspektive direkter Demokratie ein kaum zu überschätzendes Zeichen setzte.

Der zweite Schub kam von der friedlichen Revolution in der DDR, die das demokratische Dogma, dass alle Staatsgewalt vom Volke *ausgehe* – oft ja zu einem Zurechnungszusammenhang verdünnt oder als Mythos abgetan –, plötzlich wieder sinnlich erlebbar machte. Die dem Ende des SED-Regimes folgende Einigungsbewegung brachte die Entscheidung zur Neubildung von Ländern mit sich und setzte die Landesverfassungsgebung gleich fünffach auf die politische Tagesordnung. Im Ergebnis rezipierten alle fünf neuen Länder die Volksgesetzgebung. Aufgrund dieser Entwicklung gilt, nachdem Hamburg 1996 sozusagen den „Schlussstein" gesetzt hat, direkte Demokratie in Deutschland auf Landesebene nun flächendeckend.

Aber es wurden nicht nur Volksbegehren und Volksentscheid neu eingeführt, wo sie bislang fehlten. Vielmehr ist ein qualitatives Moment an dem so genannten „Kieler Modell" hervorzuheben, das mit deutlich niedrigeren Hürden beim Volksbegehren – in Schleswig-Holstein 5 % der Stimmberechtigten, in Brandenburg nur rund 4 % – den Beginn des Verfahrens bewusst erleichtern wollte (dass dafür mit überzogenen Anforderungen am Ende – beim Volksentscheid – „bezahlt" wird, steht auf einem anderen Blatt). Zum Aufschwung der direkten Demokratie gehört auch, dass in einigen alten Ländern die Hürden für die Volksgesetzgebung drastisch gesenkt wurden. Das Quorum beim Volksbegehren, in der Nachkriegszeit prohibitiv hoch auf 20 % festgesetzt, haben Bremen, Berlin und Rheinland-Pfalz inzwischen halbiert. In Nordrhein-Westfalen haben SPD und Bündnis 90/DIE GRÜNEN das gleiche Vorhaben im Juni 2000 in ihre Koalitionsvereinbarung aufgenommen.

Noch rasanter ist der Wandel in puncto direkte Demokratie auf der Kommunalebene. Dort hatte bislang nur ein einziges Land, Baden-Württemberg, Bürgerbegehren und Bürgerentscheid eingeführt (1956). Über drei Jahrzehnte fand dieses Beispiel keine Nachahmung. Dann löste auch hier – wie bei der Volksgesetzgebung – das innovative Schleswig-Holstein 1990 geradezu einen partizipatorischen Schub aus. Bis 1994 hatten Hessen, Rheinland-Pfalz, Nordrhein-Westfalen, Bremen sowie die fünf ostdeutschen Länder Bürgerbegehren und Bürgerentscheid in ihre neuen Kommunalverfassungen aufgenommen. 1995 setzte in Bayern der Souverän selbst per Volksgesetzgebung den kommunalen Bürgerentscheid durch – ein bis dahin einmaliger Fall. Nachdem zuletzt 1997 das Saarland aufgeschlossen hat, hat sich auch auf der Kommunalebene die direkte Demokratie flächendeckend etabliert.

Besonderheiten gelten für die beiden Stadtstaaten Hamburg und Berlin, deren Bezirke kein echtes Selbstverwaltungsrecht besitzen. Immerhin wiederholten die Hamburger 1998 den bayerischen Erfolg und eröffneten selbst per Volksgesetzgebung die Möglichkeit von Bürgerbegehren und Bürgerentscheid für die Bezirksebene. In Berlin dagegen, wo es schon 1978 eingeführt wurde, ist das Bürgerbegehren nach wie vor „imperfekt" organisiert: Es handelt sich sachlich um eine formalisierte Massenpetition an die Bezirksverordnetenversammlung. Nach deren abschlägiger Entscheidung ist das Verfahren zu Ende. Es besteht keine Möglichkeit, die Bürger selbst abstimmen zu lassen (Bürgerentscheid).

Diese neuen Angebote zur politischen Beteiligung und Selbstbestimmung wurden von den Bürgern sehr gut angenommen. Beispiel Verfassungsreferendum: Gutem demokratischen Brauch folgend, wurden immerhin drei der fünf Verfassungen der neuen Länder, nämlich in Brandenburg, Mecklenburg-Vorpommern und Thüringen, sowie die neue Verfassung von Berlin den Bürgern zur Abstimmung vorgelegt. Zusammen mit Referenden zur Verfassungsänderung und Fällen der Volksgesetzgebung ergab dies bis zu drei Volksentscheide pro Jahr, während früher oft jahrelang überhaupt keine einzige Abstimmung stattfand. Der bisherige Höhepunkt wurde im Jahre 1998 erreicht, als nicht weniger als sechs Volksabstimmungen in Bayern, Schleswig-Holstein und Hamburg stattfanden, die u. a. so wichtige Themen wie die Abschaffung des bayerischen Senats, die Rechtschreibreform und die Erleichterung der Volksgesetzgebung betrafen.

Noch beeindruckender ist die Akzeptanz auf der Kommunalebene, vor allem in Bayern. Kommunale Direktdemokratie hat dort eine neue Dimension erreicht. Innerhalb von fünf Monaten wurde in Bayern mit 170 Bürgerbegehren eine politische Praxis realisiert, für die man in Baden-Württemberg fast 35 Jahre benötigte. Nach dreieinhalb Jahren Geltung des einschlägigen Gesetzes war die Zählung bei 673 Bürgerbegehren und 389 Bürgerentscheiden angelangt.

In den ersten zwei Jahren wurden in den sieben Bezirken Hamburgs 21 Bürgerbegehren eingeleitet. Selbst in Berlin mit seiner restriktiven Regelung wurden von 1982 bis Mai 2000 33 Bürgerbegehren beantragt und davon 29 durchgeführt.

Tabelle 1: Volksentscheide seit 1989[*]

Jahr	Land	Thema Volksgesetz-gebung	Referendum
1991	Hessen		Urwahl der Bürgermeister
1991	Hessen		Umweltschutz
1991	*Bayern*	*Abfallrecht*	
1992	Brandenb.		Verabschiedung der Verfassg
1994	Meckl.-Vorp.		Verabschiedung der Verfassg
1994	Thüringen		Verabschiedung der Verfassg
1994	Bremen		Verfassungsrevision
1995	*Hessen*		*Wählbarkeitsalter*
1995	Bayern	Komm. Bürger-entscheid	
1995	Berlin		Verabschiedung der Verfassg
1996	Berlin		Länderfusion
1996	*Brandenb.*		*Länderfusion*
1997	*Schl.-Holst.*	*Buß- und Bettag*	
1998	Bayern		Grundrechte und Staatsziele
1998	Bayern		Landtag und Staatsregierung
1998	Bayern	Abschaffung des Senats	
1998	Schl.-Holst.	Rechtschreib-reform	
1998	*Hamburg*	*Volksgesetz-gebung*	
1998	Hamburg	Bezirkl. Bürger-entscheid	

[*] Volksentscheide, bei denen die volksbegehrten Gesetzentwürfe *nicht* angenommen bzw. die zum Referendum gestellten Vorlagen *nicht* gebilligt wurden, sind *kursiv* gesetzt.

7. Woher kommt dieser Aufschwung direkter Demokratie?

Ursache ist ein gesellschaftlicher Wandel, der hier nicht soziologisch entfaltet werden kann. Immerhin sei auf einige offenkundige Faktoren hingewiesen:

- Im historischen Längsschnitt durch die letzten 100 Jahre ist evident, dass das Bildungswesen in quantitativer wie qualitativer Hinsicht eine enorme Steigerung erfahren hat. Es besteht allgemeine Schulpflicht von neun bzw. zehn Jahren, und nahezu ein Drittel der Schulabgänger erwirbt mittlerweile die Hochschul- oder Fachhochschulreife. Dass die Steigerung des allgemeinen Bildungsstandes mit einer Zunahme des Partizipationsbedürfnisses einhergeht, ist bekannt.

- Die Medien- und Erlebniswelt: Zeitungen, Rundfunk, Fernsehen, Reisen – allen kulturkritischen Einwänden zum Trotz wird auch auf diese Weise das Informationsniveau der Bevölkerung in einer früher kaum vorstellbaren Weise gesteigert.

- Die mobile Gesellschaft im Wohlstand: Die aktuellen Probleme mögen das verdecken, doch auf mittlere Sicht bleibt wahr, dass Deutschland ein reiches Land ist, und die Attribute eines hohen Lebensstandards – von Einkommen und Freizeit bis zu Auto und Telefon – haben natürlich auch die Partizipationskosten relativ sinken lassen.

- Die rapide Auflösung vieler herkömmlicher Bindungen und damit einhergehend die Desintegration der Gesellschaft: Die Zeiten, wo man der Kirche oder der Partei, dem Verein oder der Gewerkschaft seine Sache einfach anheimgab und auf diese Interessen*vertretung* baute, gehen sichtlich zu Ende. Das hat natürlich Auswirkungen auf die Legitimation des Repräsentationsprinzips, nach dem alle diese Verbände organisiert sind. Dagegen „trauen" sich immer mehr Menschen und beginnen, ihre eigene Sache auch selbst in die Hände zu nehmen. Man kann dies die „individualistische Wende" im Demokratisierungsprozess nennen.

Aus diesen Entwicklungen ergibt sich ein gesteigertes Interesse an öffentlichen Angelegenheiten. Eine Vielzahl von Menschen engagiert sich in Bürgerinitiativen, demonstriert für dieses oder gegen jenes, leistet Unterschriften oder investiert Kraft und Freizeit für Angelegenheiten der Allgemeinheit. Dass dabei oft egoistische Interessen im Spiel sind („St. Florians-Prinzip"), ist unverkennbar. Sicher wird man auch – am Ergebnis gemessen – viele dieser Aktivitäten skeptisch sehen müssen und manchmal einen Überschuss an gutem Willen oder den Verlust von Maßstäben konstatieren. Aber von dem enormen Engagement her gesehen, gilt es jedenfalls ein modernes Schlagwort zu korrigieren: Von „Politikverdrossenheit" ist da keine Spur. Dass zahlreiche Bürger über viele Politiker Verdruss empfinden, ist noch lange kein Grund, diese Akteure mit der Sache gleichzusetzen.

Insgesamt nimmt der obrigkeitsstaatliche Zug des politischen Systems in Deutschland deutlich ab und entwickelt sich die Idee der Selbstbestimmung der Bürger, welche den Untertanengeist überwinden, auf eine erfreuliche Weise.

8. Die Bundesebene

Wenn die Diagnose stimmt, dass die skizzierten gesellschaftlichen Entwicklungen mittelfristig höhere Partizipationserwartungen befördern, ist klar, dass die Bundesebene davon nicht unberührt bleiben kann. In der Tat finden dort seit den 90er Jahren heftige Auseinandersetzungen um eine Ergänzung des strikt repräsentativen Systems der Grundgesetzes durch direktdemokratische Elemente statt.

In der „Gemeinsamen Verfassungskommission" erzielte die Sache der direkten Demokratie beträchtliche Erfolge. Bei einer öffentlichen Anhörung 1992 sprachen sich jeweils acht der neun Sachverständigen für eine Aufnahme der Volksinitiative aus und bejahten entweder das Verfassungsreferendum oder bezeichneten es doch als erwägenswert. Bei der Abstimmung 1993 votierte jeweils eine Mehrheit der Kommission für die Einführung der Volksinitiative bzw. von Volksbegehren und Volksentscheid. Allerdings verfehlte der einschlägige Antrag die erforderliche Zweidrittelmehrheit, d. h. die unterlegenen Gegner direkter Demokratie setzten sich letztlich aufgrund ihrer *Sperrminorität* durch.

Fünfeinhalb Jahre nach jener Abstimmung bahnte sich dann mit dem Regierungswechsel des Herbstes 1998 der politische Durchbruch an. Die neuen Regierungsparteien SPD und Bündnis 90/DIE GRÜNEN vereinbarten in ihrem Koalitionsvertrag, „auch auf Bundesebene Volksinitiative, Volksbegehren und Volksentscheid durch Änderung des Grundgesetzes ein[zu]führen". Noch müssten sich, damit die verfassungsändernde Mehrheit in Bundestag und Bundesrat zustande kommt, auch die Unionsparteien bewegen. Der Bürgerwunsch jedenfalls ist eindeutig: Nach einer „Forsa"-Umfrage im Januar 1999 befürworteten 70 % der Deutschen Volksbegehren und Volksentscheid auf Bundesebene.

Aus den Koalitionsverhandlungen ist berichtet worden, dass die Delegierten der beteiligten Parteien, obwohl ihre jeweiligen Parteiprogramme direkte Demokratie im beschriebenen Sinne als politisches Ziel hochhielten, doch dem berühmten Hund glichen, der zum Jagen getragen werden muss. Darin und in dem Zögern seitdem drückt sich aus, dass den Verantwortlichen Folgendes bewusst ist: Diese Reform bedeutet eine Machtverlagerung. Was die Bürger durch direkte Demokratie gewinnen, muss vom Repräsentativsystem abgegeben werden. Für die politische Elite stellt sich eine entsprechende Verfassungsrevision daher als „Status quo minus" dar, und zwar um so mehr, je höher innerhalb der Hierarchie dieser Elite jemand angesiedelt ist. Es ist dies eine eigensüchtige Perspektive, aber man kann sie verstehen. Heute wird sogar ein Parlament mit mehreren hundert Köpfen beispielsweise durch Koalitionsabreden gebunden, die womöglich ein ganz kleiner Zirkel – unter sechs oder acht Augen – getroffen hat. Direkte Demokratie würde solche Abreden, an denen derzeit nicht einmal gerüttelt werden darf, womöglich kippen. Derartige Szenarien erklären vor allem, warum die Einführung von Volksbegehren und Volksentscheid jedenfalls auf Bundesebene zum Teil so unglaublich zäh bekämpft wird. Es bedarf einer breiten Einsicht – ja Weisheit – der politischen Elite, um unter solchen Umständen eine entsprechende Reform durchzuführen.

9. Deutschland und Europa

Um die bevorstehenden Debatten richtig einzuschätzen, sei noch einmal klargestellt, wo Deutschland damit steht: 1978 und 1980 entschieden die Österreicher und die Schweden in Volksabstimmungen über ihre Atomprogramme. In Spanien stimmte das Volk 1986 über den Verbleib des Landes in der NATO ab. In Frankreich und in Portugal war 1969 bzw. 1998 die Regionalisierung Gegenstand von Referenden. In Italien fanden seit 1974 (bis Ende 2000) nicht weniger als 54 Volksabstimmungen statt, in denen die Bürger über eine Fülle politischer Themen – genannt seien nur Ehescheidung, Strafbarkeit des Schwangerschaftsabbruchs, Parteienfinanzierung und Verhältniswahlrecht – entscheiden konnten. Besonders hervorzuheben sind die Europareferenden. Hier nur eine unvollständige Auswahl: Großbritannien hat sich 1975 durch Volksabstimmung für den Verbleib in der Europäischen Wirtschaftsgemeinschaft entschieden und wird in gleicher Weise voraussichtlich 2002 über den Anschluss an die Europäische Währungsunion beschließen. Österreich, Finnland und Schweden traten 1994 erst nach positiven Volksabstimmungen der Europäischen Union bei, und Norwegen blieb aufgrund zweier negativer Entscheidungen des Volkes 1972 und 1994 dieser politischen Gemeinschaft fern. In Irland und Dänemark wurde jeder größere Schritt im Prozess der europäischen Einigung durch bislang je vier bzw. sechs Volksabstimmungen begleitet.

Dies will besagen: Unter den Verfassungen Europas ist das Grundgesetz mit seinem direktdemokratischen Defizit ein „Außenseiter". Wenn Deutschland sich zur ergänzenden Einführung direktdemokratischer Institutionen auf Bundesebene entschlösse, bedeutete dies – so umwälzend es nach der nationalen Praxis der letzten 50 Jahre erschiene – international gesehen nichts weiter als ein „Aufschließen" zu gemeineuropäischem Standard demokratischer *Bürger-Selbstbestimmung.*

IV. Aktuelle Probleme der direkten Demokratie in Deutschland

1. Funktioniert direkte Demokratie in Deutschland?

Auf diese Frage möchte man wie früher Radio Eriwan antworten: im Prinzip Ja.

Beispiel obligatorisches Verfassungsreferendum: Zwar wird bei Verfassungsänderungen meist weitgehende Übereinstimmung aller politischen Kräfte gegeben sein, entweder weil die Verfassung dies erzwingt – z. B. durch das Erfordernis einer Zweidrittel-Mehrheit –, oder weil die politisch Verantwortlichen gleichsam den Schulterschluss suchen. Dieser hohe Konsens spiegelt sich häufig in der Bevölkerung wider, die bei obligatorischen Verfassungsreferenden in der Regel die vorgeschlagene Verfassungsänderung billigt. Aber es kann auch anders ausgehen.

1994 nahm der Hessische Landtag einstimmig einen von der rot-grünen Landesregierung eingebrachten Gesetzentwurf zur Änderung der Verfassung an, durch den das Wählbarkeitsalter zum Landtag von bislang 21 auf 18 Jahre gesenkt werden sollte. Das erforderliche Referendum wurde gemeinsam mit der Wahl zum 14. Landtag durchgeführt, doch jetzt lauteten 62,7 % der abgegebenen gültigen Stimmen auf Nein. Die Bevölkerung lehnte offensichtlich dieses Projekt massiv ab.

Wie lässt sich das erklären? Wieder einmal traf die häufigste Diagnose zu: *Die Volksvertreter heben vom Volk ab.* In der auch auf Landesebene anscheinend ziemlich abgeschotteten Welt der Berufsparlamentarier hatte man auf den Vorstoß der GRÜNEN, sei es unter den Zwängen der *political correctness*, sei es aus Opportunismus angesichts der bevorstehenden Wahl, positiv reagiert und dabei offenbar das Bewusstsein der Leute im Lande verkannt. Dass gleichzeitig auf Überzeugungsarbeit für diese Wahlrechtsänderung verzichtet wurde, kann als Ausdruck parteipolitischer Überheblichkeit verstanden werden, die sich einen eigenen Kopf und eine unabhängige Meinung des Volkes gegenüber einem einhelligen Votum aller seiner Parteien nicht vorstellen mag. So gesehen, war die Volksabstimmung vom 19. Februar 1995 wohl vor allem ein heilsamer Schock für das Repräsentativsystem. Insbesondere die Parteien sollten auf die Wünsche und Bedürfnisse der Bevölkerung achten und nicht in solch eklatantem Maß darüber hinweggehen.

Beispiel fakultatives Referendum: Diese Kontrollform gibt es im geltenden Verfassungsrecht nur selten. Ein bemerkenswerter Anwendungsfall ereignete sich 1994 in Rheinland-Pfalz. Dort hatte die sozialliberale Koalition das Projekt eines bürokratisch angelegten Landes-Transplantationsgesetzes massiv durchzusetzen versucht, für das – im sensiblen Bereich von Tod und Leben – bei den normalen Leuten im Lande einfach noch keine Akzeptanz vorhanden war. Erst die Drohung mit einem Referendum konnte das parlamentarisch verabschiedete und von Ministerpräsident *Scharping* bereits unterschriebene Gesetz stoppen. Dazu genügte der CDU-Opposition schon der erste Verfahrensschritt, nämlich ein Antrag, die Verkündung des Gesetzes auszusetzen. Anschließend hätten noch Unterschriften für ein Volksbegehren gesammelt werden müssen. Aber soweit ließ es die Regierung nicht mehr kommen, sondern zog ihr „verunglücktes" Transplantationsgesetz zurück.

Als Referenden im materiellen Sinne kann man übrigens auch jene Verfahren der Volksgesetzgebung werten, in denen es allein um die Aufhebung eines missliebigen Gesetzes geht. Ein berühmtes Beispiel bietet Nordrhein-Westfalen, wo es der christlich-demokratischen Opposition im Verbund mit der Katholischen Kirche und Eltern- und Lehrerverbänden 1978 gelang, eine Schulreform („Kooperative Schule") zu stoppen, welche die Landesregierung über die Köpfe der Betroffenen hinweg durchdrücken wollte. Als sich beim Volksbegehren in 14 Tagen mehr als 3,6 Mio. Bürger eingetragen hatten, beschloss die Landesregierung, keine Volksabstimmung zu „riskieren" und gab das umstrittene Reformvorhaben auf.

In diese Reihe gehören z.B. auch Volksbegehren und Volksentscheid zur Erhaltung des Buß- und Bettages in Schleswig-Holstein 1996/97.

Beispiel Volksgesetzgebung: Wider den oben erwähnten allgemeinen Trend und unbeeindruckt von Reformen in anderen Ländern hielt die bayerische CSU bis Mitte der 90er Jahre an ihrer Ablehnung der direkten Demokratie auf der Ebene von Gemeinden und Kreisen (Bürgerbegehren und Bürgerentscheid) fest. Dagegen bildete sich eine Bürgerinitiative – „Mehr Demokratie in Bayern e. V." –, die einen Gesetzentwurf zur Einführung des kommunalen Bürgerentscheids ausarbeitete. Im Februar 1995 schaffte es diese Initiative, mittlerweile unterstützt von einem breiten Bündnis u.a. aller Oppositionsparteien, tatsächlich, dass sich 13,7 % der Stimmberechtigten in die Listen des Volksbegehrens eintrugen. Beim Volksentscheid am 1. Oktober 1995 wurde ihr Entwurf von 57,8 % der abgegebenen gültigen Stimmen bejaht. Der CSU-Regierung *Stoiber* blieb trotz ihrer absoluten Mehrheit im Landtag nichts anderes übrig, als gute Miene zum ungeliebten Spiel zu machen und das volksbeschlossene Gesetz zu verkünden.

Ein ähnlicher Fall spielte 1993/94 in Niedersachsen, wo der Verfassungsgeber in einem noch weitgehend christlich geprägten Land für die neue Landesverfassung eine Präambel mit Gottesbezug – wie im Grundgesetz – demonstrativ abgelehnt hatte. Daraufhin bildete sich eine evangelisch-katholisch-jüdische Bürgerinitiative, um eine entsprechende Präambel nachträglich durchzusetzen. Als 121.000 Unterschriften für eine Volksabstimmung gesammelt waren, gab der Landtag nach und besorgte die Verfassungsergänzung selbst. Es hatte sich – wie auch schon in Rheinland-Pfalz und Nordrhein-Westfalen – wieder die typische Vorwirkung direktdemokratischer Verfahren bestätigt.

Gegenbeispiel, wie und wo direkte Demokratie fehlt: In den anderen Ländern Europas ist es immer wieder zu beobachten: Die Politiker gehen vor Volksabstimmungen auf die Leute zu, wie sie es sonst bei Wahlen tun. Sie erklären, versuchen zu überzeugen, kämpfen um den Kopf und das Herz und (jawohl!) den Bauch der Bürger, weil sie nur mit deren ausdrücklicher Zustimmung ihre Politik der europäischen Integration verfassungsrechtlich durchführen können. Anders in Deutschland: Am 23. April 1998 stimmte der Deutsche Bundestag mit 575 Ja-Stimmen bei 35 Nein-Stimmen und fünf Enthaltungen für die Einführung des EURO. Anderntags bejahten im Bundesrat 15 von 16 Ländern ebenfalls dieses Projekt. Gleichzeitig ergab eine Umfrage des Meinungsforschungsinstituts „Forsa" im Auftrag des ARD-Fernsehmagazin „Kontraste", dass bei einer Volksabstimmung 59 % der Deutschen gegen die Einführung der neuen Währung votieren würden. Lediglich 34 % der insgesamt 1.002 Befragten seien für den EURO.

Unter demokratietheoretischen Aspekten ist das Problem nicht die Diskrepanz zwischen dem Urteil der politischen Elite und der Meinung der Bevölkerung. Die politische Elite soll ja führen – das heißt vorangehen – und nicht etwa der Meinung der Leute hinterherlaufen (das wäre der so genannte Populismus). Das Problem besteht darin, dass die politische Führung überhaupt keine Anstalten macht, ihre Basis – die Staatsbürger – für ihre Überzeugung zu gewinnen, sondern selbstherrlich entscheidet und den Rest für die Aufgabe irgend einer Werbeagentur erklärt, die eine Sympathiekampagne durchführen soll.

Diese Attitüde wird ermöglicht durch die institutionelle Entkoppelung von Parlamentsentscheidung und Volkswillen. Würde man beide endlich miteinander verbinden – und das ist der Sinn direkter Demokratie –, könnte sich die politische Klasse ein solches Verhalten nicht mehr leisten. Der bequeme Weg, den bevorzugt in Deutschland die politische Klasse geht, entspricht eigentlich einer obrigkeitlichen Regierungsweise und provoziert damit die anschließend beklagte Politikerverdrossenheit „von unten".

2. In Deutschland wird direkte Demokratie zu selten praktiziert

Dies ist keine doktrinäre Behauptung eingefleischter Direktdemokraten. Sie erschließt sich vielmehr aus einfachen Überlegungen. Es bleibt zwar richtig, dass direktdemokratische Instrumente schon durch ihr bloßes Vorhandensein wirken. Als Zusatzbedingung muss aber eine gewisse Praxis aus doppeltem Grunde hinzukommen: Erstens schwindet bei Kontroll- bzw. Korrekturinstrumenten, die *immer nur* bereitliegen, allmählich die Wirkung. Man kann das am Beispiel von Betriebsprüfungen verdeutlichen. Wenn die Steuerbehörden solche Prüfungen so selten durchführen, dass ein Betrieb rechnerisch nur alle 20 Jahre „dran" ist, verliert die Betriebsprüfung ihren „Schrecken". Zweitens soll die direktdemokratische Kontrolle ja nicht von Profis, sondern von normalen Bürgern ausgeübt werden, und dazu ist auch eine gewisse Übung vonnöten; „ganz leicht" ist z.B. die Volksgesetzgebung ja keineswegs.

Wie oft abgestimmt werden *kann,* mag ein Blick in die schweizerische Statistik lehren: In dem Kanton, in dem die Volksrechte am häufigsten in Anspruch genommen wurden, kamen in den Jahren 1983-96 nicht weniger als 43 Initiativen sowie acht fakultative und 139 obligatorische Referenden zur Abstimmung. Das bedeutet in diesem Zeitraum 13 bis 14 Abstimmungen pro Jahr. Nun ist das auch für schweizerische Verhältnisse „Spitze" und soll keineswegs rundweg auf Deutschland übertragen werden. Aber es ist schon bemerkenswert, dass direkte Demokratie nicht in irgendeinem „exotischen" Gliedstaat so intensiv praktiziert wird, sondern im

Kanton Zürich mit dem gleichnamigen bedeutenden Kultur-, Wirtschafts-, Handels- und Verkehrszentrum als Hauptstadt.

Auch in Bayern legt die – unter starkem schweizerischen Einfluss entstandene – Verfassung von 1946 in einer fast vergessenen Vorschrift fest, dass die Volksentscheide über Volksbegehren „gewöhnlich im Frühjahr oder Herbst" stattfinden (Art. 74 Abs. 6 BayVerf.). Damit werden nicht nur Jahreszeiten bestimmt, sondern dies indiziert auch die Frequenz der Volksgesetzgebung, von der die „Verfassungseltern" ausgingen. Die Praxis sah allerdings anders aus: In den ersten fünf Legislaturperioden (!) fand überhaupt keine Volksgesetzgebung statt; 1967 – nach 21 Jahren – kam es zum ersten Volksbegehren, und bis Ende 2000 zählte man insgesamt 13 Volksbegehren. Aber wenn mancher nun spöttelt, dass heute im Freistaat Volksbegehren zum „Breitensport" geworden sind, ist zu entgegnen, dass die derzeitige Nutzung der direkten Demokratie in Bayern immer noch weit von der Vorstellung der „Verfassungseltern" entfernt ist, die sie jene Jahreszeitenklausel aufnehmen ließ.

Außerhalb Bayerns aber sind die Verhältnisse einfach ernüchternd. In Nordrhein-Westfalen kam in 50 Jahren Staatspraxis bislang ein einziges Volksbegehren zustande („Kooperative Schule" 1978), in Hessen fand in mehr als 53 Jahren Verfassungsleben ein – erfolgloses – Volksbegehren statt („Einführung der Briefwahl" 1966), in Rheinland-Pfalz dauerte es sogar 51 (!) Jahre bis zum ersten Volksbegehren. Angesichts solcher Nicht-Nutzung kann kaum mehr von einer Kontrollwirkung der dem Verfassungsbuchstaben nach vorhandenen direktdemokratischen Instrumente gesprochen werden.

3. Gründe

a) Überzogene Anforderungen

Die Hürden bei Volksbegehren in den Bundesländern reichen von umgerechnet 4 % (Brandenburg) bzw. 5 % (Schleswig-Holstein) über die klassischen 10 % (Bayern, Niedersachsen, Berlin, Hamburg) bis zu 20 % der Stimmberechtigten (Hessen, Nordrhein-Westfalen, Saarland). Praktisch bedeutsam ist ferner die Zeit, in der diese Hürden überwunden werden müssen. Die Spanne reicht hier von 14 Tagen bis zu einem halben Jahr, wobei die Länder mit den niedrigsten Hürden noch die längste Zeit zum Unterschriftensammeln einräumen, während ausgerechnet die Länder mit den höchsten Hürden verlangen, dass 20 % der Stimmberechtigten sich binnen zwei Wochen eintragen.

Im Vergleich zu den alten Demokratien, die viel Erfahrung mit direkter Demokratie haben, sind die deutschen Hürden ungemein hoch. In der Schweiz liegen die Quoren für Gesetzesinitiativen in den Kantonen, die übrigens wesentlich mehr legislatorische Befugnisse haben als deutsche Bundesländer, zwischen 0,8 % (Appenzell-Ausserrhoden) bzw. 0,9 % (Basel-Landschaft, Aargau) und 4,8 % (Genf) oder auch 5,7 % (Neuenburg). Zumeist bewegen sich die Quoren im 2- bis 3%-Bereich. Auch in den USA liegt das Begehrensquorum für einfache Volksgesetze zwischen (umgerechnet) 2 und 4 % der Stimmberechtigten.

Aus den hohen deutschen Hürden resultiert offenbar ein Abschreckungseffekt, worauf folgende Statistik hinweist:

Tabelle 2: Volksbegehren seit 1989[*]

Jahr	Land	Thema	Quorum	Eintrag.
1990	Bayern	Abfallrecht	10 %	12,8 %
1993	*Brandenburg*	*Kreisneugliederung*	*80.000[a]*	*9.259*
1994	*Brandenburg*	*Kreisstadt Finsterwalde*	*80.000[a]*	*6.125*
1994	*Sachsen*	*Soziale Grundrechte*	*450.000[b]*	*140.585*
1995	Bayern	Komm. Bürgerentscheid	10 %	13,7 %
1995	*Sachsen*	*Schulgesetz*	*450.000[b]*	*210.803*
1996	*Brandenburg*	*Wasserstraßenausbau*	*80.000[a]*	*58.306*
1996/7	Schl.-Holst.	Buß- und Bettag	5 %	6,48 %
1996/7	*Schl.-Holst.*	*Polizei-Reiterstaffel*	*5 %*	*0,84 %*
1997	Bayern	Abschaffung des Senats	10 %	10,5 %
1997	*Bremen*	*Lernmittelfreiheit*	*10 %*	*6,37 %*
1997/8	*Brandenburg*	*Transrapid Berlin– Hamburg*	*80.000[a]*	*69.570*
1998	Hamburg	Volksgesetzgebung	10 %	18,4 %
1998	Hamburg	Bezirkl. Bürgerentscheid	10 %	18,1 %
1997/8	Schl.-Holst.	Rechtschreibreform	5 %	10,5 %
1997/8	*Niedersachs.*	*Rechtschreibreform*	*10 %*	*4,7 %*
1998	*Bayern*	*Gentechnik*	*10 %*	*4,9 %*
1998	*Rhld.-Pfalz*	*Buß- und Bettag*	*20 %*	*6,17 %*
1999	*Berlin*	*Rechtschreibreform*	*10 %*	*4,4 %*
2000	*Bayern*	*Schulreform*	*10 %*	*5,7 %*
2000	*Bayern*	*Verfassungsgerichtshof*	*10 %*	*3,0 %*
2000	*Brandenburg*	*Musikschulen*	*80 000[a]*	*20 772*
2000	*Sachsen*	*Pro kommunale Sparkasse*	*450 000[b]*	*449 446*

[*] Volksbegehren, die das Qualifikationsquorum *nicht* erreichten, sind *kursiv* gesetzt.

[a] Entspricht 4,07 % der Stimmberechtigten bei der Landtagswahl 1990.

[b] Entspricht 12,13 % der Stimmberechtigten bei der Landtagswahl 1990.

Von insgesamt 23 Volksbegehrens-Versuchen seit 1989 wurde nur einer in einem Land mit der höchsten Hürde unternommen. Wenn man andere Ansätze wie landsmannschaftliches Temperament, Sozialstruktur, politische Kultur und politische Zufriedenheit ausblendet, liegt es nahe, dass die Bürger eher ein Volksbegehren unter einem Regelwerk starten, bei dem ein Erfolg wahrscheinlich ist, als angesichts von Hürden, die unüberwindbar erscheinen.

Dazu fügt sich die konkrete Betrachtung der einen Ausnahme: Dabei ging es – in Rheinland-Pfalz 1998 – um die Erhaltung des Buß- und Bettages als gesetzlicher Feiertag, und die kirchlichen Protagonisten erreichten es, dass sich 6,17 % der Stimmberechtigten beim Volksbegehren eintrugen. Dies war fast der gleiche Anteil wie 1996/97 in Schleswig-Holstein (6,48 %), ist aber im Grunde viel höher zu veranschlagen, weil er in ungleich kürzerer Zeit (nämlich in 14 Tagen statt in einem halben Jahr) und bei ungünstigerer konfessioneller Struktur mobilisiert wurde. Doch während in Schleswig-Holstein dank der Reformverfassung von 1990 jenes 6%-Volksbegehren zu einem Volksentscheid führte, galt in Rheinland-Pfalz noch das 20%-Quorum der Verfassung von 1947, das sich als nahezu unüberwindbare Mauer erwies.

Selbst wenn ein plebiszitäres Projekt die Volksbegehrens-Hürde überwindet, haben es seine Initiatoren noch lange nicht „geschafft". Nur in einer Minderheit der Länder (in Bayern, Hessen, Nordrhein-Westfalen und Sachsen) gilt die klassische demokratische Regel, dass beim Volksentscheid über einfachgesetzliche (also nicht verfassungsändernde) Vorlagen die einfache Mehrheit der abgegebenen gültigen Stimmen entscheidet. Die meisten Länder erschweren den Volksentscheid durch Zustimmungsquoren von 25 % (Schleswig-Holstein, Brandenburg, Sachsen-Anhalt, Niedersachsen, Bremen und Hamburg) bzw. 33 % (Baden-Württemberg, Mecklenburg-Vorpommern, Thüringen und Berlin), von dem 50%igen Zustimmungsquorum im Saarland (für einfache Gesetze!) ganz zu schweigen.

Bei verfassungsändernden Vorlagen jedoch scheint es, als ob das repräsentativdemokratische System sich gegen Innovationen abriegeln wolle. Zwei Länder schließen solche Vorhaben von vornherein aus (Berlin und das Saarland). Zumeist wird die Zustimmung der Mehrheit der Stimmberechtigten verlangt, und in Schleswig-Holstein, Sachsen-Anhalt, Brandenburg, Mecklenburg-Vorpommern und Hamburg muss zusätzlich noch eine Zweidrittelmehrheit der abgegebenen gültigen Stimmen erreicht werden. Überlegung und Erfahrung zeigen nun, dass bei einem 50%igen Zustimmungsquorum verfassungsändernde Volksgesetzgebung nicht möglich ist. Beobachter haben denn auch geurteilt, es erscheine „völlig illusorisch", dass jemals in einem Volksentscheid die Hälfte der Stimmberechtigten einem volksbegehrten Gesetzentwurf zustimmen werde. Dieses Quorum mache „jeden Volksentscheid zur Farce". Anders gesagt: Den Bürgern wird feierlich ein Recht eingeräumt, für dessen Verwirklichung die Aussichten bei Null liegen.

Auch hier lässt sich die skeptische Einschätzung statistisch untermauern (siehe Tabelle 1), denn für alle Volksentscheide, die seit 1989 aufgrund erfolgreicher Volksbegehren stattfanden, galt entweder kein Quorum (so in Bayern) oder nur ein 25%iges Zustimmungsquorum (so in Schleswig-Holstein und in Hamburg für einfachgesetzliche Vorlagen). Die Maximal-Anforderungen blieben bloßer Verfassungsbuchstabe – mit einer Ausnahme: Jene Bürgerinitiative, die 1998 in Hamburg die Volksgesetzgebung durch verfassungsändernden Volksentscheid verbessern wollte, hatte die größten derzeit geltenden Abstimmungsklauseln gegen sich. Sie erreichte die Zustimmung von 74,05 % der Abstimmenden und „schaffte" also die Zweidrittelmehrheit der Aktivbürgerschaft, aber das machte unter Berücksichtigung der Abstimmungsbeteiligung nur (staunenswerte) 45,50 % der Stimm*berechtigten* aus. Die Initiatoren verfehlten also das 50%ige Zustimmungsquorum.

b) Die interessantesten Materien sind Bundessache

Einer lebendigen direkten Demokratie in Deutschland stand bislang auch entgegen, dass die interessantesten Materien Bundessache und damit für Volksabstimmungen nicht zugänglich sind. Bürgerliches Recht, Strafrecht, Arbeitsrecht und Währungswesen sind bundesrechtlich geregelt. Der Bürger darf daher z. B. über die Mietpreisbindung oder die Strafbarkeit der Abtreibung, über einheitliche Kündigungsfristen oder die Abschaffung der Deutschen Mark zugunsten des EURO nicht unmittelbar entscheiden. Die Kompetenzverteilung zwischen Bund und Ländern, die schon bei Schaffung des Grundgesetzes 1949 starke unitarische Züge aufwies, wurde in dem seitdem verstrichenen halben Jahrhundert kontinuierlich zu Gunsten des Bundes verschoben. Entsprechend ist der Spielraum, um die bisher ja nur landesrechtlich mögliche Direktdemokratie zu praktizieren, geschrumpft. Hinzu kommt, dass etliche Landesangelegenheiten unter dem Gesichtspunkt direktdemokratischer Kontrolle bzw. Erneuerung schlechterdings unerheblich sind. Wer will schon über Bergbahnen und Spielbanken oder auch über Ausfüllungsregelungen zum Jagd- und Hochschulwesen bzw. zum Presserecht per Volksabstimmung befinden?

Diese Situation hat bereits zu einigen Verrenkungen geführt. So wich die SPD-Opposition, als sie im März 1958 mit ihrem Gesetzentwurf für eine bundesweite Volksbefragung gegen Atomwaffen scheiterte, auf entsprechende Landesgesetze in *Hamburg* und *Bremen* aus, die freilich vom Bundesverfassungsgericht für nichtig erklärt wurden, weil sie in die ausschließliche Zuständigkeit des Bundes für die Verteidigung übergriffen. Entsprechend hatte auch 1981-82 der Versuch keine verfassungsrechtliche Chance, den Ausbau des Frankfurter Flughafens – nach dem Grundgesetz Bundessache („Luftverkehr") – durch ein *hessisches* Volksbegehren („Keine Startbahn West") zu stoppen. Ähnlich scheiterte 1986 ein Versuch, die „Atomanlagen" in *Nordrhein-Westfalen* auf dem Wege der Landes-Volksgesetzgebung stillzulegen.

Mit der verfassungsgerichtlichen Abwehr solcher Umgehungsversuche ist freilich das Kernproblem noch nicht gelöst: Viele Bürger sind mit den einschlägigen Entscheidungen der repräsentativen Demokratie zu Verteidigung, Luftverkehr und Nutzung der Kernenergie nicht einverstanden. Ihnen ist aber nach dem Grundgesetz bislang keine Möglichkeit eröffnet, an das gesamte Volk zu appellieren. Hier könnte, wenn die jüngsten Vorhaben in der Bundespolitik Erfolg haben, sich eine Entspannung einstellen.

c) Das überdehnte Finanztabu

Soweit Materien aber doch dem Landesrecht zugehören, stößt der Versuch der Volksgesetzgebung oft an das schon erwähnte Finanztabu und vor allem seine überdehnte Auslegung durch die Rechtsprechung. In diesen Maschen bleiben die (durchaus unter Mithilfe von Experten erarbeiteten) Gesetzentwürfe reihenweise hängen. So kam 1994 nur eines von vier direktdemokratischen Projekten in Bayern „durch", 1997 in Bremen eines von dreien. Hier bescheinigten demnächst sogar zwei Richter der Mehrheit des Bremischen Staatsgerichtshofs in einem Sondervotum, dass ihre Rechtsprechung zu restriktiv sei. Einer dieser Richter hat später treffend bemerkt, die grundsätzliche Misstrauenshaltung der deutschen Praxis führe „zu eigentümlichen Verwerfungen. Während die Volksgesetzgebung durchweg an einen eng verstandenen Finanzvorbehalt gebunden ist, um das Budgetrecht des Parlaments nicht zu gefährden, werden Auswirkungen von Bundesverfassungsgerichts-Entscheidungen auf den Staatshaushalt in Milliardenhöhe ohne Problematisierung hingenommen." Eine aktuelle Illustration: Als das Bundesverfassungsgericht am 24. Mai 2000 beschloss, dass die Sozialversicherungsbeiträge auf Weihnachts- und Urlaubsgeld bei der Berechnung von Lohnersatzleistungen berücksichtigt werden müssten, wurden die Folgen mit 2,1 Mrd. DM veranschlagt. Keine sechs Wochen später entschied dasselbe Gericht, dass eine Volksinitiative in Schleswig-Holstein, die Ausgaben von 33 bis 50 Mio. DM gleich 0,5 bzw. 0,7 % des Gesamthaushalts des Landes zur Folge hätte, das Budgetrecht des Parlaments in Kiel wesentlich beeinträchtige. Besonders „eng" urteilt der Bayerische Verfassungsgerichtshof, der sogar schon bei Kosten eines volksbegehrten Gesetzes von 0,071 % des Gesamthaushalts (allerdings handelte es sich dabei um langfristig wirksame Personalkosten) das Finanztabu durchgreifen ließ. Eine solche Staatspraxis führt zu einer Entkernung von Politik. Alles objektiv Wichtige und subjektiv Spannende ist tendenziell tabuisiert. Für direkte Demokratie bleiben Restmaterien, aus denen nichts folgt und für die sich auch niemand so recht interessiert. Der basisdemokratische Impetus wird auf Spielwiesen gelenkt, wo er sich verläuft. Schweizer und US-Amerikaner jedenfalls staunen, dass in Deutschland das Budgetrecht, historisch von den Parlamenten den Monarchen abgerungen, heute von den Volksvertretungen wie ein Privileg gegenüber ihren eigenen demokratischen Auftraggebern verteidigt wird.

Dabei besteht für diese repräsentativdemokratische Misanthropie – wie man das Finanztabu treffend genannt hat – kein überzeugender Grund. Es ist keineswegs wahrscheinlich, dass alle die Steuerzahler, die Familienväter und die Hausfrauen, die Sparer und die vielen Anderen, die mit ihren privaten Mitteln durchaus umzugehen verstehen, sich bei öffentlichen Finanzfragen plötzlich in jene Spießer verwandeln, von denen schon *Lenin* spottete, dass sie „eine beliebige Menge Trüffel, Autos, Klaviere und dergleichen mehr" verlangten. Eher ist anzunehmen, dass das Volk der Steuerzahler zurückhaltend sein wird und neben Luxus- und verschwenderischen Ausgaben auch solche Vorhaben stoppt, die durchaus notwendig sind, aber deren Finanzbedarf nicht vermittelt werden konnte. Vielleicht sollte man dann die Berechtigung solcher Ansätze und Ausgaben kritisch überprüfen.

d) Die Aufhebung des ersten Volksgesetzes in Schleswig-Holstein

Noch gar nicht abzusehen in seiner Tragweite für die (direkt-demokratische) politische Kultur hierzulande ist das, was sich jüngst in Schleswig-Holstein abspielte. 1998 hatten dort in einem Volksentscheid 56,4 % der Aktivbürger (gleich 41,6 % der Stimmberechtigten) beschlossen, dass die Schulen des Landes die so genannte Rechtschreibreform nicht mitmachen sollten. Im Sommer 1999 dann entschloss sich die politische Elite, die von ihr selbst proklamierte zweijährige Wartephase abzukürzen und dieses Volksgesetz umgehend aufzuheben, was der Landtag Mitte September 1999 (keine zwölf Monate nach dem Volksentscheid des Vorjahres) umsetzte. Dabei führte er keine parlamentarische Debatte, die diesen Namen verdiente, geschweige denn, dass jener Wettstreit der Gedanken stattgefunden hätte, der nach der Theorie des repräsentativen Systems die Wahrscheinlichkeit, dass ein richtiges Ergebnis gefunden wird, erhöht. Dies verrät den schlechten Gewissens durchexerzierten Machtspruch.

Das schlechte Gewissen hatte Gründe, weil sich folgende Frage erhob: Darf das Parlament ein vom Volk beschlossenes Gesetz (ohne weiteres) kassieren? Seit dem Volksentscheid hatte sich die Situation nicht grundsätzlich geändert, und das Scheitern des Berliner Volksbegehrens gegen die Rechtschreibreform im Frühsommer 1999 zu einem solchen grundlegend neuen Umstand hochzustilisieren (über die Schreckvorstellung, Schleswig-Holstein bleibe nun endgültig eine „Rechtschreibinsel"), überzeugte angesichts der in Gang befindlichen bzw. geplanten weiteren Kampagnen in Bremen, Bayern und Mecklenburg-Vorpommern kaum. Es hatte auch zwischenzeitlich keine Wahl für eine neue Legitimation verschafft. Im Gegenteil konnte man fragen, warum die Verantwortlichen, wenn am 27. Februar 2000 ohnehin ein neuer Landtag gewählt würde, mit der Aufhebung nicht noch ein halbes Jahr warteten.

So bleibt angesichts des Kieler „Schauspiels" der ungute Eindruck, dass sich das Parlament, das vom Volk korrigiert wurde, diese Korrektur umgehend verbeten habe. Wenn Politiker sich nach unbequemen Urteilen abfällig über das erkennende Gericht äußern, spricht man von Richterschelte. Sind wir in Schleswig-Holstein Zeugen einer „Volksschelte" geworden? Dass gleich das erste Volksgesetz des Landes überhaupt und noch dazu unter solchen befremdlichen Umständen vom Parlament wieder kassiert wurde, ließ den gebotenen Respekt vor dem Volksgesetzgeber vermissen.

4. Reformvorschläge und Lehren

Welche Reformvorschläge für die Länder lassen sich nun aus dieser Bestandsaufnahme entwickeln, und was lässt sich aus ihr an Lehren für die Einführung von Volksinitiative, Volksbegehren und Volksentscheid auf Bundesebene ableiten?

Erstens bedarf es einer sorgfältigen Komposition des Verfahrens, und zwar vor allem der Hürden und Fristen. Die bisherigen Regelwerke, ob klassisch – „Weimarer Modell" – oder modern – „Kieler Modell" –, scheinen oft eher ideologischen Vorstellungen entsprungen zu sein. Demgegenüber wird hier für ein empirisches Vorgehen geworben, bei dem die bekannten bereits genannten Daten eine erste Hilfestellung geben mögen. Anhand dieser direktdemokratischen Praxis lässt sich schon recht gut erkennen, welche Regelwerke bzw. welche einzelnen Bestimmungen die tatsächliche Ausübung der Korrekturfunktion möglich machen und welche zum Bereich symbolischer Politik gehören. Für letztere besteht nicht wirklich Bedarf.

- Im Einzelnen sind die *Verfahrenshürden* „nachzujustieren" und generell kräftig zu senken. Das Quorum beim Volksbegehren sollte 5 % nicht überschreiten, und beim Volksentscheid sollte nach klassisch-demokratischer Tradition die einfache Mehrheit der abgegebenen gültigen Stimmen – ohne Zustimmungs- oder Beteiligungsquoren – den Ausschlag geben. Will man auf

Erschwerungen bei Verfassungsänderungen nicht verzichten, wäre allenfalls an eine Zweidrittelmehrheit der Abstimmenden zu denken.

- Bislang haben die Regierungen, obgleich geborene Gegnerinnen jedes Projekts der Volksgesetzgebung, weiterhin die *Zeitherrschaft*. Nun lässt sich nachweisen, dass sich an Volksabstimmungen erheblich mehr Bürger beteiligen, wenn gleichzeitig Wahlen stattfinden (der so genannte „Huckepack"-Effekt). Daraus ergibt sich die Forderung nach Zusammenlegung von Volksentscheiden mit den nächsten allgemeinen Wahlen. Notfalls müssen starre Fristvorgaben in den einschlägigen Regelwerken gelockert werden.

- Als Gegenstück zur etablierten Wahlkampfkostenerstattung sollte eine *Kostenerstattung* beim Volksgesetzgebungsverfahren eingeführt werden. Der Anspruch mag – einer früheren entsprechenden Formel im Parteiengesetz nachgebildet – auf Erstattung der notwendigen Kosten „eines angemessenen Abstimmungskampfes" gehen. Modelle existieren: 0,50 DM pro Eintragung beim Volksbegehren (in Sachsen-Anhalt) bzw. pro Ja-Stimme beim Volksentscheid (in Schleswig-Holstein) sind freilich bescheidene Sätze und mögen nur als Hinweis dienen.

- Endlich ließe sich die *Fragestellung verfeinern*, um eine differenzierte Willensbekundung zu ermöglichen. Die herkömmliche Ja/Nein-Entscheidung ist ähnlich simpel wie der politische Analphabetismus des „Kreuzchenmachens" bei der Wahl. Hier hat für den Fall mehrerer sachlicher Alternativen (Volksinitiative und parlamentarischer Gegenentwurf) die Schweiz schon 1987 eine intelligente Lösung mit der so genannten bedingten Eventualabstimmung („Stichfrage") eingeführt, die Bayern 1998 als erstes Bundesland übernommen hat.

Zweitens gilt es die möglichen Gegenstände der direkten Demokratie – der Volksgesetzgebung bzw. der Referenden – klar zu regeln. Man kann sich zunächst mit guten Gründen auf den Standpunkt stellen, dass sich die Volksgesetzgebung auf alles erstrecken soll, was auch der parlamentarischen Gesetzgebung zugänglich ist. Wenn aber doch Tabubereiche für notwendig gehalten werden, sollte man die „üblichen Kandidaten" sehr kritisch prüfen. Auch wenn es schwer fallen mag, sich von deutschen Traditionen zu lösen, mögen doch die Verfechter z. B. eines Finanztabus bedenken, dass die Abstimmung des Volkes über Finanzvorlagen – d. h. die steuerzahlenden Bürger bestimmen auch darüber, was mit ihren Steuergeldern geschieht – in der Schweiz und in den US-Bundesstaaten zu den vornehmsten Volksrechten gehört und geradezu den Kern der direkten Demokratie ausmacht, ohne dass übrigens der „Staatskarren", wie man in Deutschland dazu regelmäßig befürchtet, gegen die Wand gefahren worden wäre. Sowohl rechtsvergleichend wie historisch lässt sich die Maxime begründen: „Für Finanztabus ist in einer Demokratie kein Platz" (*Hans Herbert v. Arnim*).

Was die Außenpolitik bzw. die völkerrechtlichen Verträge angeht – ebenfalls häufig zur Tabuisierung vorgeschlagen –, sei daran erinnert, dass gerade dies (wie oben anhand der Europa-Abstimmungen gezeigt) genuine Materien für Referenden sind. Deutschland sollte sich hier nicht pointiert von der Praxis in Frankreich, Großbritannien, Irland, Dänemark, Österreich, Finnland und Schweden absetzen, sondern zu diesen Ländern aufschließen, die gezeigt haben, dass es zum obrigkeitlich-fürsorglichen Ansatz der deutschen politischen Elite – mit besten Absichten für die Bürger, aber über ihre Köpfe hinweg – eine praktikable demokratische Alternative gibt.

Drittens sollten die Geltungsdauer bzw. die Voraussetzungen der Aufhebung eines Volksgesetzes geregelt werden. Die in Kiel 1999 praktizierte Regel, dass jedes Gesetz durch ein späteres Gesetz aufgehoben werden kann, ist zu schlicht und der Gesetzgebung durch den Souverän nicht angemessen. Vorschläge dazu liegen vor: Aufhebung nur bei grundlegend veränderten Umständen, Unaufhebbarkeit bis zur nächsten Wahl sowie ein besonderes Aufhebungsreferendum.

5. Direkte Demokratie erfordert ein besonderes politisches Ethos

Direkte Demokratie erfordert, gerade wenn sie auf allen Ebenen des Gemeinwesens eingeführt bzw. praktikabel gestaltet ist, auch ein besonderes politisches Ethos, das sich leider wieder negativ illustrieren lässt:

Erstens: Man darf das Verfahren nicht illegitimieren. Ist die Volksgesetzgebung einmal eingeführt, muss man das Prinzip der Sachentscheidung durch das Volk akzeptieren – ebenso selbstverständlich wie die Berufung auf eben dieses Volk bei Wahlen. Von der Gelegenheit oder der Ungelegenheit des zur Entscheidung gestellten Einzelfalles darf nicht erneut das gesamte Verfahren in Frage gestellt werden wie z. B. in Weimar, wo es angesichts des angeblich den Eigentums-Status-quo gefährdenden Volksentscheids 1926 hieß, man müsse dem Volk „dieses Mittel aus der Hand nehmen wie einem Kinde die Streichhölzer".

Zweitens: Man muss das Ergebnis hinnehmen. Wie eine Wahl gut oder misslich ausfallen kann, so kann auch ein Volksentscheid Kluges oder weniger Sinnvolles produzieren. Jedenfalls ist das Resultat ein politisches Ergebnis, das nicht existentialistisch verzerrt werden darf. Aus Wahlkämpfen kennt man die Slogans, irgendeine Wahl sei die letzte freie Wahl Deutschlands, der Sieg der X-Partei bedeute den Untergang Deutschlands usw. Dieser Unfug darf nicht auf Sachabstimmungen übertragen werden, so dass die Entscheidung über eine politische Einzelangelegenheit, ob Ja oder Nein, sich wahnhaft zu einer Art Harmagedon (zur „letzten Schlacht") steigert.

Drittens: Man darf nicht das Parlamentsmodell übertragen. Jeder Versuch, etwa die Koalitionsräson oder die Fraktionsdisziplin gleichsam „nach unten zu verlängern", jede Verdrängung der Sachauseinandersetzung durch bündnispolitische Überlegungen wäre dysfunktional.

Viertens: Man darf die direkte Demokratie nicht in das parlamentarische System einbinden wollen; sie ist ein eigenständiges Verfahren. Natürlich werden vor allem Regierung und Opposition nicht „neutral" sein. Sie werden sich im Stich gelassen oder bestätigt finden, und sie werden gestärkt oder geschwächt aus diesem Verfahren hervorgehen. Nicht einbinden aber heißt, dass man nicht durch Krisengerede, gar durch Rücktrittsdrohung oder dergleichen eine „Koppelung" der direktdemokratischen Sachabstimmung mit spezifisch parlamentarischen Entscheidungen herstellen darf.

Aber auch dieses politische Ethos – ältere Demokratien vermögen uns zu beruhigen – kann man lernen.

V. Deutsche Fragen – deutsche Ängste

Wenn bisher gezeigt wurde, warum prinzipiell die repräsentative Demokratie um direktdemokratische Elemente ergänzt werden sollte und welche Reformen in Deutschland geboten wären, um diese Instrumente praktikabel zu machen, bleibt immer noch – als Erfahrung aus vielen Diskussionen – eine Reihe skeptischer Fragen, die eine Antwort verlangen. Dies soll zum Abschluss unternommen werden.

1. Was kann direkte Demokratie nicht leisten?

a) Kein Paradies auf Erden

Von direkter Demokratie Wunder zu erwarten oder sie als politisches Allheilmittel einsetzen zu wollen wäre verfehlt. Ein Blick auf die Schweiz oder nach Kalifornien, wo die Instrumente der direkten Demokratie intensiv genutzt werden, lehrt, dass auch diese Länder dadurch nicht zu Paradiesen wurden. Direkte Demokratie schafft bessere Regeln für die Politik; zu einer schwärmerischen Überhöhung besteht kein Anlass. Die realistischerweise zu erwartenden Effekte sind bescheidener. Gleichwohl sind sie groß genug, dass sich ein Engagement lohnt.

b) Keine Überwindung der Mehrheitsherrschaft

Mit einem Volksbegehren hat sich eine *funktionale* Minderheit – diejenigen, die sich eingetragen haben – gleichsam das Recht erworben zu fragen, d. h. sie nutzt eine *Artikulations*chance. Die Antwort aber gibt immer die gesamte Aktivbürgerschaft bzw. deren Mehrheit. Auch direkte Demokratie ist *Mehrheitsherrschaft*.

Wer *politischen* Minderheiten auch eine *Durchsetzungs*chance zuspricht, operiert in der Regel mit (unausgesprochenen) Unterstellungen, etwa dass die große Mehrheit der Bürger sich bei einer Abstimmung passiv-schweigend verhalte, so dass die Fragenden beim Volksentscheid sozusagen „unter sich" blieben und sich die (natürlich eindeutige) Antwort gleichsam selbst gäben. Volksgesetzgebung ist aber nicht ein Instrument von Minderheiten, sondern von aktuellen Mehrheiten, die im Repräsentativsystem keine Berücksichtigung finden. Hier sollten sich auch die Initiatoren plebiszitärer Projekte vor Illusionen hüten. Volksentscheide können nichts anderes ausdrücken, als was in der jeweiligen Gesellschaft *mehrheits*fähig ist. Sie können sich daher auch nur punktuell und begrenzt unterscheiden von dem, was im entsprechenden parlamentarischen Verfahren an Resultaten durchsetzbar ist. „Dieser geringe Unterschied kann im Einzelfall wichtig sein" (*Tilman Evers*).

Den Schutz der *strukturellen gesellschaftlichen* Minderheiten von der direkten Demokratie einzufordern ist verfehlt, eben weil sie, wie jedes andere demokratische Verfahren, auf dem Mehrheitsprinzip beruht. Der notwendige Schutz dieser Minderheiten, die nicht einfach überrollt werden dürfen, ist daher auch nicht etwa in der repräsentativen Demokratie zu sehen, sondern im Rechtsstaat und insbesondere in den Grundrechten der Verfassung.

2. Was braucht man von direkter Demokratie nicht zu befürchten?

a) Skeptische Fragen nach den Menschen

aa) Demagogenprämie? Stimmungsabhängigkeit? Todesstrafe?

Von *Theodor Heuss,* dem nachmaligen ersten Bundespräsidenten, ist der Satz überliefert, die Volksgesetzgebung sei „die Prämie für jeden Demagogen".

Soweit *Heuss* damit die Machteroberung der Nationalsozialisten meinte, lag er historisch falsch. *Hitlers* Aufstieg 1930 bis 1933 vollzog sich über triumphale Wahlerfolge und schloss ab mit dem vom Parlament bewilligten „Ermächtigungsgesetz" vom 24. März 1933, dem übrigens der Reichstagsabgeordnete *Heuss* selbst zustimmte. Der einzige Versuch eines Volksbegehrens und Volksentscheids, an dem sich die NSDAP mit anderen Rechtsparteien beteiligte – gegen den Young-Plan 1929 –, scheiterte in der Sache geradezu kläglich (nur 13,8 % der Stimmberechtigten stimmten mit Ja) und hat *Hitler* allenfalls mäßig genutzt. Die damaligen Ereignisse sprechen gegen extreme Parteien in der repräsentativen Demokratie, nicht gegen direkte Demokratie.

Aber ist die direkte Demokratie nicht von Stimmungen abhängig, und schwanken die Abstimmenden nicht je nach Situation? Was ist mit Volksentscheiden nach einem aufregenden Ereignis, etwa über drastisch verschärfte Vorschriften nach einer Umweltkatastrophe? Zunächst sei festgehalten, dass derartige Zusammenhänge keine Spezialität der direkten Demokratie sind. Gerade in der repräsentativen Demokratie ertönt nach einschlägigen Vorfällen regelmäßig der Ruf nach dem Gesetzgeber, ohne dass man dies bislang negativ bewertet hätte. Ferner ist zu den Reizworten „aufgeputschte Leidenschaften" und „Emotionen" festzustellen, dass zumindest letztere auch eine produktive politische Kraft sein können, und selbstverständlich debattiert auch ein Parlament anders („emotionaler"), wenn beispielsweise ein Atomkraftwerk explodiert ist, als ohne solche Anstöße. Vor übereilten Reaktionen ist freilich gerade die Volksgesetzgebung dadurch geschützt, dass sie dem Prinzip des langsamen Verfahrens folgt. Direkte Demokratie ist nicht gleich Demoskopie, ein Volksentscheid ist keine TED-Umfrage. Es handelt sich nicht um eine rasche („Blitz"-)Abfrage von Meinungen, sondern um die langsame Bildung eines staatsbürgerlichen Willens. Die Langsamkeit ist dabei ganz wörtlich zu nehmen. Bis der kommunale Bürgerentscheid in Bayern eingeführt war, dauerte das direktdemokratische Verfahren im juristischen Sinne (also ohne politischen Vorlauf) elf Monate. Das erste vollständig durchgeführte Volksgesetzgebungsverfahren nach der modernen dreistufigen Konzeption – Fall „Buß- und Bettag" in Schleswig-Holstein – benötigte noch viel mehr Zeit, nämlich zwei Jahre und sechs Monate. Damit kann jene Befürchtung mittelbar als widerlegt gelten. Ein Verfahren, das sich jahrelang hinzieht, geht über (notwendig kurzfristige) „Stimmungen" hinweg. Umgekehrt besteht im repräsentativdemokratischen System tatsächlich die Gefahr, dass der Gesetzgeber „Schnellschüsse" abgibt, eine Norm „mit heißer Nadel strickt" und wie die Bilder alle heißen – was bei der direkten Demokratie schlechthin unmöglich wäre.

An sich ist es nicht sinnvoll, bei einem ja für sehr viele Inhalte offenen Verfahren über ein ganz bestimmtes Ergebnis zu diskutieren, aber ausnahmsweise soll hier doch das unvermeidliche Thema der Todesstrafe aufgegriffen werden. In der Tat wird nach besonders abstoßenden Verbrechen immer wieder der Ruf nach dieser Strafe laut, und viele Menschen befürchten, dass solche Fälle dazu genutzt werden könnten, um die Todesstrafe mit Hilfe des Volksentscheids wieder einzuführen. Die Todesstrafe ist nach Art. 102 Grundgesetz abgeschafft; es wäre also eine entsprechende Verfassungsänderung erforderlich. Wenn verfassungsändernde Volksgesetzgebung möglich wäre, müssten vermutlich entsprechend höhere Hürden überwunden werden, was wiederum Zeit beansprucht, bis es zur eigentlichen Abstimmung kommt. Bis dahin haben die Gemüter Zeit, sich wieder zu beruhigen und sich mit sachlichen Argumenten zur Todesstrafe zu befassen. Nur auf Zeit und Vernunft und damit Einsicht kann eine demokratische Gesellschaft bauen. Aber damit ruht sie fester, als dies bei einer bloß obrigkeitlich verfügten Liberalität der Fall ist.

ab) Überforderung der Bürger?

Oft wird auf die Komplexität moderner Gesellschaften verwiesen, deren Probleme hohen Sachverstand zu ihrer Lösung erforderten. Hier selbst als Gesetzgeber überzeugende Entscheidungen zu treffen, sei der normale Bürger schlechterdings außerstande.

Zugrunde liegt diesem Argument im Allgemeinen ein falscher *Kompetenz*begriff. Dazu hat schon der große Soziologe *Max Weber* in klassischer Einfachheit formuliert, man brauche „sicherlich selbst kein Schuster zu sein, um zu wissen, ob der Schuh drückt, den der Schuster hergestellt hat". Ernsthaft in Betracht kommen kann für direkte Demokratie natürlich nicht die Kompetenz der Experten, sondern nur die staatsbürgerliche Kompetenz, jene Mischung aus Grundwissen und gesundem Menschenverstand, die gewissermaßen das personale Substrat der Demokratie darstellt. Wer diese staatsbürgerliche Kompetenz in Abrede stellt, kann konsequenterweise auch nicht das demokratische Prinzip der allgemeinen Wahl rechtfertigen.

Wählen ist ja, wider eine häufig zu hörende Behauptung, viel schwerer als Abstimmen, jedenfalls solange es mit rationalem Anspruch und nicht auf dem Niveau des Vertrauens zu „dem Dicken mit der Zigarre" erfolgt, um des ersten Bundeswirtschaftsministers *Ludwig Erhard* zu gedenken. Das rückblickende Urteil über eine komplette Legislaturperiode voller Sachentscheidungen und die Prognose der Problemstellung und -bewältigung in den nächsten Jahren sind, als Grundlage einer Personalauswahl, höchst anspruchsvoll. Die Meinungsbildung über eine einzelne Sachfrage ist da nicht mehr als eine kleine Teilmenge.

Widersprüchlich erscheint es endlich, dass die Bürger durchaus Sachentscheidungen treffen dürfen, wie die direktdemokratische

Praxis auf Landes- und Kommunalebene beweist. Sollte die staatsbürgerliche Kompetenz ausgerechnet da zu Ende gehen, wo Themen bundesrechtlich geregelt sind?

Wer auf die Sachverständigen-Kompetenz abstellt, kann übrigens auch die Entscheidungen jedes Parlaments disqualifizieren, wo man annimmt, dass die Abgeordneten vielleicht von 10 % der Vorlagen, über die sie abstimmen, selbst etwas verstehen. Ansonsten verlassen sie sich auf die Fachleute ihrer Fraktion. Am Ende eines solchen elitären Ansatzes steht dann statt Demokratie eher eine „Expertokratie". Da erscheint doch der Standpunkt des damaligen Präsidenten des Bundesverfassungsgerichts und späteren Bundespräsidenten *Roman Herzog* vernünftiger, der zum Thema „Volksabstimmungen ins Grundgesetz" ironisch bemerkte, es gebe „keine Garantie dafür, dass das Volk dümmer ist als seine Ministerialräte und seine Abgeordneten".

Unhaltbar ist jene Argumentation schließlich auch mit Blick auf die skizzierte Praxis in Europa. Sollten die Franzosen wirklich klüger sein als die Deutschen, die Engländer vernünftiger, die Italiener kompetenter? Solche Popanze sind doch nicht ernst zu nehmen. Wer sonst immer von „den mündigen Bürgern" redet, sollte sie auch als solche ernst nehmen, und zwar nicht nur am Wahltag, sondern auch bei sachlichen Entscheidungen.

ac) Zu geringe Beteiligung?

Eigentlich wollten die Bürger – lautet dieses Argument – direkte Demokratie gar nicht. Interessiert seien nur engagierte Minderheiten, wie die niedrigen Beteiligungsziffern bewiesen, die weit unter den bei allgemeinen Wahlen gewohnten Sätzen lägen.

Tatsächlich ist die Beteiligung bei Volksentscheiden und Bürgerentscheiden in Deutschland bei ruhiger Betrachtung als gut zu bezeichnen; die Leute schätzen offensichtlich diese Formen der konkreten Selbstbestimmung. Dass man so oft die gegenteilige Beurteilung liest, geht letztlich auf einen methodisch nicht angemessenen, „unfairen" Vergleich zurück. Man kann die Bedeutung einer Volksabstimmung, bei der immer nur eine einzelne Sachfrage beantwortet wird, nicht vergleichen mit dem Gewicht einer allgemeinen Wahl, bei der über die Gesamtpolitik für die nächsten vier oder fünf Jahre zu entscheiden ist und noch das Spannungsmoment der Personalkonkurrenz dazukommt. Gegenüber z. B. den Beteiligungswerten bei Bundestagswahlen in der Größenordnung von 80 % muss ein Volksentscheid geradezu zwangsläufig zurückbleiben. Aber ohne jenen unfairen Vergleich erweist es sich als eine respektable Leistung, welche Prozentsätze der Stimmberechtigten sich *für eine Einzelfrage* zum Urnengang bewegen lassen: 43,8 % beim Volksentscheid über das Abfallrecht bzw. 36,8 % beim Volksentscheid zur Einführung des kommunalen Bürgerentscheids (bayerische Fälle 1991 bzw. 1995) und 29,4 % beim Volksentscheid zur Erhaltung des Buß- und Bettages in Schleswig-Holstein 1997 – jeweils isolierte Termine, also ohne den „Huckepack"-Effekt gleichzeitiger Wahlen.

Tatsächlich Sorgen bereitet die nachlassende *Wahl*beteiligung im eigentlichen Sinne. War bereits Mitte der 90er Jahre die Beteiligung an den Landtagswahlen in den fünf neuen Bundesländern auf Werte zwischen 50 und 60 % gesunken, so hat der Unmut bei der Wahl zum Europäischen Parlament am 13. Juni 1999 eine neue Qualität erreicht, als die Wahlbeteiligung von 60,0 auf 45,2 % abstürzte. Jedenfalls haben manche Volksentscheide jetzt bereits eine höhere demokratische Legitimation als bestimmte allgemeine Wahlen. So beteiligten sich am Volksentscheid über die Rechtschreibreform in Schleswig-Holstein 1998 (freilich begünstigt durch die gleichzeitig stattfindenden Bundestagswahlen) 76,4 % der Stimmberechtigten, an der Landtagswahl 2000 im selben Bundesland dagegen nur 69,5 % der Wahlberechtigten.

Beim einem energischen Ausbau der direktdemokratischen Elemente ist vermutlich eine Entwicklung wie in der Schweiz zu erwarten, wo sich im langjährigen Überblick – siehe die eidgenössischen Volksabstimmungen und Nationalratswahlen 1919-1995 – ein Trend zu sinkender Wahlbeteiligung zeigt, die seit 1991 auf gleicher Höhe wie die Beteiligung an Volksabstimmungen liegt (jeweils knapp über 40 %).

ad) Bloß eine zusätzliche Chance für einflussreiche Gruppen?

Nun wird umgekehrt wie vorhin argumentiert: Dort wurde befürchtet, dass machtlose kleine Gruppen allein wegen der Passivität der Mehrheit Erfolg haben könnten. Jetzt heißt es, dass direkte Demokratie vor allem bedeute, den wirklich mächtigen, vor allem finanzkräftigen Gruppen eine zusätzliche Chance zu geben.

Eine gewisse Heuchelei ist bei dieser Argumentation unübersehbar. Erstens sind das „große Geld", der verbandliche Einfluss, die Potenz einer starken Organisation doch faktisch vorhanden, und dennoch halten wir Wahlen ab, warum also nicht auch Abstimmungen? Zweitens spricht, wenn man an das Stichwort „Lobby" denkt, viel dafür, dass sich gesellschaftliche Macht leichter über das Parlament in politischen Einfluss umsetzen lässt als auf dem „Umweg" über die millionenköpfige Wählerschaft. Die Korruptionschance steigt, je kleiner die Zielgruppe ist: Man kann ein paar Spitzenpolitiker, eine Fraktionsführung, vielleicht noch das Parlament insgesamt bestechen – ein ganzes Volk nicht. Gerade die bundesdeutsche Erfahrung lehrt, dass, je kleiner eine Gruppe ist und je verstiegener die von ihr erstrebten Vorteile sind (Steuerfreiheit auf Flugbenzin, Dienstmädchenprivileg), um so verlässlicher die Mechanismen der repräsentativen Demokratie greifen, wo regelmäßig politische „Pakete" geschnürt werden, in denen sich derlei leicht und unauffällig unterbringen lässt.

Im Übrigen haben sorgfältige Studien vor allem aus den USA über den Einfluss des „großen Geldes" bei direkter Demokratie eine wichtige Differenzierung erarbeitet. Durch hohen Mitteleinsatz kann man eine direktdemokratische Initiative mit ziemlicher Sicherheit *abblocken*; aber selbst mit größtem Mitteleinsatz lässt sich ein reines Verbandsanliegen nicht auf direktdemokratischem Wege *durchsetzen*. Das Erstere bedeutet nichts anderes, als dass die bestehende ungleiche Verteilung gesellschaftlicher Macht ihre

Wirkung zeigt. Das Letztere beruhigt immerhin darüber, dass sich die Bürger (jedenfalls insgesamt) nicht korrumpieren lassen. „Ein Abstimmungssieg lässt sich in einer freiheitlichen Demokratie ebensowenig kaufen wie ein Wahlsieg" (*Silvano Möckli*).

b) Skeptische Fragen nach dem Verfahren

ba) Unzureichende Leistungsfähigkeit (simple Ja/Nein-Entscheidung)?

Zugrunde liegt hier ein Vergleich mit dem parlamentarischen Problemlösungsverfahren. Während es sich dort um einen höchst beweglichen Entscheidungsprozess handele – heißt es –, in dem vor allem regelmäßig Kompromisse gefunden würden, laufe bei der direkten Demokratie ein starres Verfahren ab, in dem auf geradezu archaisch anmutende Weise nur Ja oder Nein gesagt werden könne. Der abschließende Volksentscheid stelle die Bürger vor eine undifferenzierte „*Alles-oder-Nichts*"-Alternative. Derlei werde weder der Komplexität moderner Probleme noch dem Bedürfnis demokratischer Politik nach Verhandlung und Interessenausgleich gerecht.

Ihre scheinbare Plausibilität gewinnt diese Argumentation freilich aus einer Verwechslung von entscheidungstechnischer Regel und vorgängiger politischer Alternativenauswahl, die sich ihrerseits natürlich nicht auf einfache Lösungen zu beschränken braucht. Bei keinem Verfahren gehen die Modifikation und die Suche nach Kompromissen unbegrenzt weiter. Gerade auch das parlamentarische Problemlösungssystem zielt völlig selbstverständlich auf jenen äußersten Punkt der Vereinfachung der Entscheidung, wo zu einer Vorlage nur noch Ja oder Nein zu sagen ist – eben die Schlussabstimmung.

Aber wo ist denn bei direkter Demokratie das Optimierungsverfahren vor der Entscheidung? Bei Referenden ist es evident, aber auch bei der Volksgesetzgebung lässt sich zeigen, dass direkte Demokratie ein sekundäres Verfahren ist. Es ist doch nicht so, als ob nun unversehens Probleme auf ein ahnungsloses Publikum einstürzten, das von Dilettanten mit unausgereiften Projekten behelligt würde. Auszugehen ist in der Realität vielmehr von der längeren, kontroversen Behandlung eines Problems im politischen Regelbetrieb, vor allem im parlamentarischen Verfahren, an dessen Ende diese oder jene Fraktion der politischen Klasse sich mit dem erreichten oder abzusehenden Ergebnis nicht abfinden will und daher das neue, alternative Verfahren einleitet. Dann kann aber auch eine politische Vorklärung angenommen werden, die Entwicklung unterschiedlicher Lösungsmodelle, das Ausloten der Kompromissmöglichkeiten sowie ein Herausarbeiten des jeweiligen Pro und Contra, von denen das Publikum in dem nunmehrigen plebiszitären Verfahren profitiert. Das Optimierungsverfahren vor der direkten Demokratie ist das parlamentarische Primärverfahren.

Besonders hervorzuheben sind in diesem Zusammenhang die häufig mitvorgelegten parlamentarischen Konkurrenzentwürfe, dank deren z. B. die bayerischen Bürger in den prominenten Fällen „Abfallrecht", „Einführung des kommunalen Bürgerentscheids" bzw. „Abschaffung des Senats" schließlich nicht nur vor einer „simplen" Entscheidung über Annahme bzw. Ablehnung standen, sondern sich zwischen zwei je ausgefeilten Lösungsmodellen (oder gegen beide) entscheiden konnten.

bb) Inkohärenz – Unregierbarkeit?

Hier wird argumentiert, direkte Demokratie könne immer nur punktuell entscheiden. Eine große Linie zustande zu bringen sei ihr unmöglich, im Gegenteil werde ein Gesamtkonzept, wie es das Repräsentativsystem zu entwickeln pflege, durch einzelne Volksabstimmungen gestört. Am Ende wird das Schreckbild der Unregierbarkeit beschworen.

Die Gefahr der Inkohärenz besteht in der Tat. Man darf sie freilich nicht überbewerten. Zum einen ginge es fehl, in einer Art Souveränitätsillusion zu postulieren, eine Regierung müsse ihre

Politik völlig frei von externen Vorgaben bzw. Interventionen entwickeln können (die so genannte „Politik aus einem Guss"). Gerade am Beispiel des Bundesverfassungsgerichts lässt sich zeigen, wie das parlamentarische System einzelne außerparlamentarische Vorgaben mit vorbildlicher Loyalität verarbeitet. Warum soll nicht eine Regierung auch eine plebiszitäre Einzelkorrektur – man denke an die bereits skizzierten Fälle aus Hessen, Rheinland-Pfalz, Nordrhein-Westfalen, Bayern und Niedersachsen – ebenso loyal verarbeiten können, ohne dass um den Gesamtzusammenhang ihrer Politik ernsthaft gebangt werden müsste? Warum sollte nicht – so ein Vorschlag des Richters am Bundesverfassungsgericht *Ernst Mahrenholz* von 1986 – ein Wechselspiel möglich sein zwischen „der politischen Integration des Gesamtspektrums gesellschaftlicher Fragen in ein politisches Programm, das eine in sich kohärente Politik ermöglicht" – durch regelmäßige Wahlen zu verwirklichen –, und „einer eigenständigen Artikulationsmöglichkeit des Volkes durch die direkte Entscheidung gewichtiger politischer Einzelfragen", wozu gelegentlich Volksabstimmungen stattfinden?

Zum anderen muss das Postulat der Kohärenz selbst hinterfragt werden. Das gegenwärtige Repräsentativsystem könnte man im wirtschaftlichen Bereich damit vergleichen, dass sich jeder Konsument entscheiden müsste, in welchem Kaufhaus er in den nächsten vier Jahren seinen gesamten Bedarf decken will. Wie jeder Konsumbürger das (vernünftigerweise) für absurd halten würde, ist es auch statthaft zu fragen, warum, wer etwa die Sozialpolitik der SPD schätzt, z. B. auch ihre Politik der inneren Sicherheit „in Kauf" nehmen muss? Die starre Kombination der Sachpolitiken der Parteien leuchtet keineswegs immer ein. Weshalb soll man nicht vernünftigerweise z. B. die Arbeitsmarktpolitik der SPD, die Außenpolitik der CDU, die Wirtschaftspolitik der FDP und die Umweltpolitik der GRÜNEN schätzen (und für sie optieren) können? Kennt nicht auch die *Koalitionsgeschichte* hier schon die kühnsten Kombinationen?

3. Was kann man von direkter Demokratie vernünftigerweise erwarten?

a) Erhöhte Responsivität der parlamentarischen Politik

Diese Wirkung wurde bereits theoretisch entfaltet und praktisch illustriert. Das „Abheben" der Volksvertreter von denen, die sie vertreten sollen, wird deutlich gedämpft, wenn den Akteuren bewusst ist, dass die Bürger „auch anders können". Die Verbindung zur Basis, die Fühlung mit der Bevölkerung, die Responsivität des repräsentativen Systems steigen.

b) Versachlichung der politischen Diskussion

In der Deutschen Nationalversammlung 1919 hatte man noch argumentiert, „das ermäßigende Moment" bei einer Volksabstimmung über ein Gesetz bestehe darin, dass sich die Agitation dabei auf „eine bestimmte sachliche Frage" konzentriere und nicht „den ganzen Komplex aller politischen Fragen" behandele. Endlich komme das Volk einmal dazu, sich über sachliche Fragen zu entscheiden und nicht immer nur über Personenfragen.

Zur Versachlichung trägt auch bei, dass nicht so viel „auf dem Spiel steht". Dies ist ja das Problem einer Kontrolle durch Wahl, dass gleich eine ganze Regierungsmannschaft ausgetauscht wird, womöglich ein kompletter Richtungswechsel erfolgt, als Ausdruck der Abkehr von einer ganzen Linie bzw. Art der Politik, z. B. 1998 im Bund von Schwarz-Gelb zu Rot-Grün. Dagegen arbeitet der Volksentscheid, der jede einzelne legislatorische Maßnahme korrigieren kann, als Kontrollinstrument unendlich viel feiner. Man kann beispielsweise eine gute Regierung behalten und ihr dennoch im Detail ein „So nicht!" zurufen.

c) Politische Bildung des Volkes

Man ist heute mit Recht skeptisch gegenüber einer edukativen (erzieherischen) Staatskonzeption; „Volkspädagogik" hat einen negativen Beigeschmack. Aber es bleibt trotzdem wahr, dass die

Demokratie, gerade auch die repräsentativ verfasste, politisch gebildete Bürger braucht. Direkte Demokratie, die Befassung mit politischen Sachentscheidungen, ist insoweit – um einen Redner aus der konstituierenden Versammlung in Hamburg vor über 150 Jahren zu zitieren – „eine wahre Bildungsschule für das Volk ..., bei der es nicht fehlen kann, dass das Volk die völlige politische Reife erlangt, die es sonst nie erreichen wird".

Was Mitte des 19. Jahrhunderts in Deutschland nur Hoffnung war, scheint in der Schweiz dank generationenlanger Praxis inzwischen gelungen zu sein. Jedenfalls kokettiert man dort sogar mit der Frage, „ob der durchschnittliche (sc. deutsche) Bundestagsabgeordnete bei seiner Entscheidung wirklich besser informiert ist als der durchschnittliche schweizerische Stimmbürger". Da mag Euphorie mitspielen, aber wenn nur die Hälfte daran wahr ist, hätte man einen geradezu enormen edukativen Effekt der direkten Demokratie festgemacht.

d) Flexibilisierung der Politik

Eines der Charakteristika der repräsentativen Demokratie besteht darin, dass ein Wahlergebnis – obwohl in gewisser Weise immer nur eine Momentaufnahme – zu einem mehrjährigen Machtverhältnis gerinnt. Mehrheit und Minderheit, Regierungs- und Oppositionsrolle sind für eine Legislaturperiode im Prinzip festgeschrieben. Hier führt eine Ergänzung um Elemente direkter Demokratie zu einer Auflockerung. Nun bekommt auch die Opposition, im Übrigen während einer Wahlperiode von der Entscheidungsmacht getrennt, eine begrenzte Chance zur Durchsetzung ihrer Vorstellungen.

Ferner öffnet sich damit die politische Klasse. Speziell durch das Verfahren der Volksgesetzgebung können eben auch Gruppen initiativ werden, die keine Parteien sind. Ebenso wenig spielt die 5%-Klausel des Wahlrechts eine Rolle. Sogar Bürgerinitiativen können auf diese Weise – punktuell – Einflusschancen erhalten, die ihnen im regulären parlamentarischen Problemlösungssystem versagt bleiben würden. Das Entscheidungsprivileg der Parteien wird also gelockert.

Schließlich ist direkte Demokratie vorzüglich geeignet zur Aufhebung politischer Blockaden. Immer wieder erscheinen im Bereich der repräsentativen Demokratie Entscheidungen als „nicht machbar", weil strategische Positionen von Interessenten besetzt sind. Direkte Demokratie arbeitet hier unbekümmert, geradezu „respektlos". Beim Volksbegehren und Volksentscheid zur Einführung der Christlichen Gemeinschaftsschule in Bayern 1967/68 zeigte sich dieser Effekt zum ersten Mal. Inzwischen sind die beiden Fälle „Buß- und Bettag" und „Rechtschreibreform" in Schleswig-Holstein hinzugekommen, in denen jedenfalls die Basis dieses Landes gegen den Großverbund eines bundespolitisch gesteuerten kooperativen Föderalismus anging.

e) Einfach bessere Politik

Untersuchungen der Modernen Politischen Ökonomie aus der Schweiz und den USA deuten darauf hin, dass bei praktizierter direkter Demokratie langfristige Interessen bessere Chancen haben. Belegen lässt sich dies dadurch, dass in Kantonen bzw. Bundesstaaten mit intensiver direktdemokratischer Praxis die Verschuldung tendenziell geringer ist – Indiz für eine angemessene Berücksichtigung der Interessen der zukünftigen Generationen – und die Ausgaben für Bildung tendenziell steigen. Gleichzeitig sind ein größeres Maß an Wirtschaftlichkeit bei der Erfüllung öffentlicher Aufgaben und mehr Bürgerzufriedenheit festzustellen. Gemeinden, Kreise und Länder mit direktdemokratischen Elementen tendieren (wie es scheint) zu einer insgesamt besseren „performance" als Gebietskörperschaften ohne solche Elemente.

Ausgehend von der strukturellen Kurzatmigkeit der Berufspolitik, die aus der auf den nächsten Wahltermin fixierten Perspektive der Akteure folgt, ist es also nicht so, dass die Bürger sich gewissermaßen „noch schlimmer" verhielten, vielmehr können sie, weil sie mit ihrer bürgerlich-beruflichen Existenz nicht von Wahlergebnissen abhängig sind, sich durchaus eine längerfristige Perspektive „leisten".

VI. Schluss

Führt man sich vor Augen, wie viele Demokratien des Auslandes, insbesondere die alten demokratischen Republiken USA und Schweiz, regelmäßig Referenden und Volksgesetzgebung praktizieren, ferner, welchen Schatz an einschlägiger Theorie und Praxis die deutsche Geschichte birgt, und endlich, wie direkte Demokratie bereits heute auf Landes- und Kommunalebene praktiziert wird, erweist sich die Debatte um die Einführung direktdemokratischer Elemente als Ergänzung des repräsentativen Systems auf Bundesebene als eine „Rest-Diskussion". Dies heißt nicht, dass sie nicht mit Leidenschaft geführt wird und schließt schon gar nicht aus, dass noch Rückschläge kommen können. Aber im Ernst werden auch die Gegner nicht den deutschen Gesamtstaat als etwas schlechthin Unvergleichliches darstellen wollen, das damit für alle (direkt-)demokratischen Wünsche, Lösungen und Erfahrungen von anderswoher unzugänglich wäre.

Die ausschließlich repräsentative Demokratie – schrieb der deutsch-schweizerische Beobachter *Karl Neumayer* schon vor über 30 Jahren – sei eine Staatsform der Bevormundung politisch nicht hinlänglich herangereifter Völker, die dem Entwicklungsstand der deutschen Monarchie vor 1914 entsprochen haben möge. „Die ausschließlich repräsentative Demokratie repräsentiert aber bei einer pluralistischen Gesellschaft mit hohem Bildungsstand, regem politischem Interesse der breiten Volksschichten und ihrer Bereitschaft zu politischer Verantwortung nicht mehr. Sie erinnert an die Bevormundung eines Mündigen, dem allein das Recht verliehen ist, sich seinen Gewalthaber von Zeit zu Zeit frei zu wählen." Deutschland sollte nicht länger auf dieser überholten politischen Entwicklungsstufe verharren. Es ist hoch an der Zeit, mehr direkte Demokratie zu wagen.

VII. Weiterführende Literatur

Arnim, Hans Herbert v.: Vom schönen Schein der Demokratie. Politik ohne Verantwortung – am Volk vorbei, München 2000

Arnim, Hans Herbert v. (Hrsg.): Direkte Demokratie. Beiträge auf dem 3. Speyerer Demokratieforum vom 27. bis 29. Oktober 1999 an der Deutschen Hochschule für Verwaltungswissenschaften Speyer, Berlin 2000 (Schriftenreihe der Hochschule Speyer Bd. 140)

Für Effizienzstaat und Direktdemokratie.Ein Plädoyer der selbständigen Unternehmer, Redaktion: Gerd Habermann, Berlin 2001 (Schriftenreihe des Unternehmerinstitutes UNI Nr. 9)

Feld, Lars P./Savioz, Marcel R.: Vox Populi, Vox Bovi? Ökonomische Auswirkungen direkter Demokratie, in: *Gerd Grözinger/Stephan Panther* (Hrsg.): Konstitutionelle Politische Ökonomie. Sind unsere gesellschaftlichen Regelsysteme in Form und guter Verfassung? Marburg 1998, S. 29-80

Heußner, Hermann K./Jung, Otmar (Hrsg.): Mehr direkte Demokratie wagen. Volksbegehren und Volksentscheid: Geschichte – Praxis – Vorschläge, München 1999

Heußner, Hermann K.: Volksgesetzgebung in den USA und in Deutschland. Ein Vergleich der Normen, Funktionen, Probleme und Erfahrungen, Köln u. a. 1994 (Erlanger Juristische Abhandlungen Bd. 43)

Heußner, Hermann K.: Volksgesetzgebung und Todesstrafe, in: Recht und Politik Jg. 35 (1999), S. 92-100

Jung, Otmar: Grundgesetz und Volksentscheid. Gründe und Reichweite der Entscheidungen des Parlamentarischen Rats gegen Formen direkter Demokratie, Opladen 1994

Jung, Otmar: Aktuelle Probleme der direkten Demokratie in Deutschland, in: Zeitschrift für Rechtspolitik Jg. 33 (2000), S. 440-447

Jung, Otmar: Historische Erfahrungen mit direkt-demokratischen Elementen in der deutschen (Verfassungs-)Geschichte, in: 11. Ettersburger Gespräche am 10./11. November 2000 in Weimar, Weimar 2001 (i. E.)

Kielmansegg, Peter Graf/ Schöppner, Klaus-Peter/Wehling, Hans-Georg: Wieviel Bürgerbeteiligung im Parteienstaat? hrsg. von der Konrad-Adenauer-Stiftung, o. O. o. J. (Berlin 2000) [Zukunftsforum Politik der Konrad-Adenauer-Stiftung. Wie geht's weiter mit den Parteien in Deutschland? Hearing Nr. 2]

Kirchgässner, Gebhard/ Feld, Lars P./ Savioz, Marcel R.: Die direkte Demokratie: Modern, erfolgreich, entwicklungs- und exportfähig, Basel/Genf/München 1999

Knaup, Bettina: Plebiszitäre Verfahren als Ergänzung der repräsentativen Demokratie. Zur neueren Forschungsdebatte um Volksabstimmungen in der Bundesrepublik Deutschland, Bonn 1994 (Beiträge zur Demokratieentwicklung von unten, Bd. 6)

Kost, Andreas: Bürgerbegehren und Bürgerentscheid. Genese, Programm und Wirkungen am Beispiel Nordrhein-Westfalen, Schwalbach/Ts. 1999 (Studien zu Politik und Wissenschaft)

Kühne, Jörg-Detlef: Volksgesetzgebung in Deutschland – zwischen Doktrinarismen und Legenden, in: Zeitschrift für Gesetzgebung Jg. 6 (1991), S. 116-132

Möckli, Silvano: Direkte Demokratie. Ein Vergleich der Einrichtungen und Verfahren in der Schweiz und Kalifornien, unter Berücksichtigung von Frankreich, Italien, Dänemark, Irland, Österreich, Liechtenstein und Australien, Bern Stuttgart Wien 1994 (St. Galler Studien zur Politikwissenschaft Bd. 16)

Neumann, Peter/Raumer, Stefan v. (Hrsg.): Die verfassungsrechtliche Ausgestaltung der Volksgesetzgebung. Dargestellt am Beispiel der Art. 68, 69 der Landesverfassung von Nordrhein-Westfalen, Baden-Baden 1999

Pestalozza, Christian Graf v.: Der Popularvorbehalt. Direkte Demokratie in Deutschland, Berlin 1981 (Schriftenreihe der Juristischen Gesellschaft e. V. Berlin H. 69)

Rüther, Günther (Hrsg.): Repräsentative oder plebiszitäre Demokratie – eine Alternative? Grundlagen, Vergleiche, Perspektiven, Baden-Baden 1996

Schiller, Theo (Hrsg.): Direkte Demokratie in Theorie und kommunaler Praxis, Frankfurt a. M. 1999 (Studien zur Demokratieforschung Bd. 2)

Wehner, Burkhard: Die Katastrophen der Demokratie. Über die notwendige Neuordnung des politischen Verfahrens, Darmstadt 1992

Welzel, Christian: Braucht die Demokratie eine Wurzelbehandlung? in: Blätter für deutsche und internationale Politik 45 (2000), S. 991-999

Welzel, Christian: Sachabstimmungen in einer Theorie der interaktiven Demokratie, in: *Rainer Schneider-Wilkes* (Hrsg.): Demokratie in Gefahr? Zum Zustand der deutschen Republik, Münster 1997, S. 54-79

Wollmann, Helmut: Kommunalpolitik. Mehr (direkte) Demokratie wagen, in: Aus Politik und Zeitgeschichte B 24-25/99 v. 11. 6. 1999, S. 13-22

B.
Bürgerbegehren und Bürgerentscheid
Ein wesentliches Strukturelement in den reformierten Kommunalverfassungen

TEIL 1 (FRANZ-LUDWIG KNEMEYER)
Repräsentative oder plebiszitäre Demokratie? Spannung oder Ergänzung?

TEIL 2 (CHRISTIAN GEBHARDT)
Konkrete Ausgestaltung von Bürgerbegehren und Bürgerentscheiden in den verschiedenen Kommunalverfassungen insbesondere im Freistaat Bayern

TEIL 3 (FRANZ-LUDWIG KNEMEYER)
Bürgerbegehren und Bürgerentscheid in einer neuen Bürgerverfassung

Teil 1:
Repräsentative oder plebiszitäre Demokratie? Spannung oder Ergänzung?

FRANZ-LUDWIG KNEMEYER

I. Einleitung: zum Publikationsthema sowie zum Inhalt und Gang der Untersuchung

Für den oberflächlichen Betrachter erscheinen *Jung* und *Knemeyer* als Gegenpole. Blickt man jedoch genauer hin, so ist leicht festzustellen, dass beide jedenfalls zum Teil auf ganz verschiedenen Ebenen arbeiten bzw. argumentieren: Kommunalverfassungsrechtlich der eine, kommunal-politisch der andere.

Auch die Beiträge in der vorliegenden Schrift gehen das Thema „Direkte Demokratie" in unterschiedlicher **Methode** an. Daher werden unterschiedliche Aussagen allenfalls bedingt als Kontroversen zu werten sein.

Ich werde die verfassungs- und einfachgesetzlichen Regelungen – nuanciert aufgrund der föderalistischen Ordnung in der Bundesrepublik – darlegen, rechtlich einordnen und werten. Wenn der „geneigte Leser" dann will, so mag er meine Position in der „Kontroverse"[1] als die des „Kommunal-rechts-wissenschaftlers" sehen, der den Positionen der Landesgesetzgeber – kritisch – folgt, also lege lata arbeitet. Er akzeptiert die verfassungsgemäßen Mehrheitsentscheidungen der Gesetzgeber und überlässt die Generalkritik der „Opposition".

---

[1] Zum „Kritiker Knemeyer" siehe etwa Jung, Siegeszug direktdemokratischer Institutionen als Ergänzung des repräsentativen Systems? Erfahrungen der 90er Jahre. In: von Arnim, Demokratie vor neuen Herausforderungen, Berlin 1999 S. 103 ff., S. 134 f., S. 136 – Dort auch weitere Beiträge zur Diskussion.

Dabei ist es naturgemäß auch dem Rechtswissenschaftler nicht fremd, Defizite, aber auch Entwicklungen auf- und nachzuspüren und Fortentwicklungen anzumahnen, also auch z.B. „Kommunale Selbstverwaltung neu zu denken"[2]. Am Ende wird sich zeigen, dass Knemeyer und Jung nach Etablierung des Bayerischen Weges[3] zu mehr Bürgerkultur näher beieinander sind als bisher vermutet.

Direkte Demokratie hat **Konjunktur in der Öffentlichkeit, in Gesetzgebung, Wissenschaft und Justiz.** Direkte Demokratie aber ist ein weites Feld und wird diskutiert nicht nur bezogen auf Kommunen, sondern auch auf die Länder und neuerdings auch auf den Bund. Ich muss und werde mich beschränken auf direkte Demokratie vor Ort in der Gemeinde[4] und hier wiederum nur eine Facette der vielfältigen Partizipationsmöglichkeiten näher betrachten: **Bürgerbegehren und Bürgerentscheid**, mit denen der Bürger dem an sich zuständigen kollegialen Entscheidungsgremium (ausnahmsweise) ad hoc eine einzelne Sachentscheidung abnimmt.

Nicht behandeln werde ich die vielfältigen anderen Formen direkter Demokratie,[5] angefangen bei den unterschiedlich ausgestalteten Bürgereinwirkungsformen in einem bürgerfreundlich oder parteifreundlich ausgestalteten Kommunalwahlrecht:[6] Urwahl-, Nichtwahl-, Abwahl, über die verschiedenen Formen der Öffentlichkeitspartizipation (im Gegensatz zur Betroffenen-Partizipation) in mannigfaltigen Politikfeldern – etwa der Bodenplanung, des Umwelt- und Naturschutzrechts bis hin zu Bürgerein- und Mitwirkungsrechten über Bauanträge, in Bürgerversamm-

---

[2] Knemeyer, Kommunale Selbstverwaltung neu denken, DVBl. 2000, S. 876 ff.

[3] Dazu näher hinten, Teil 3, S. 117.

[4] Auch auf Landkreisebene gibt es natürlich Elemente direkter Demokratie. Ihre Nutzung ist jedoch weniger bedeutungsvoll. Siehe etwa Thum, Voraussetzungen und Besonderheiten bei Bürgerbegehren und Bürgerentscheid auf Landkreisebene, KommunalPraxis By, 2000, S. 244 ff.

[5] Dazu etwa Knemeyer, Bürgerbeteiligung und Kommunalpolitik, Mitwirkungsrechte von Bürgern auf kommunaler Ebene, Landsberg am Lech 1997, 2. Aufl.

[6] Dazu etwa Knemeyer, Bürgerbeteiligung (FN 5). S. 92 ff.

lungen, in Beiräten, als sachkundige Bürger im Gemeinderat etc. Schließlich muss der die heutige Situation erläuternde Blick in die historische Entwicklung[7] ebenso ausgeblendet werden wie ein Blick über den nationalen Zaun. Auch Überlegungen zu den Ursachen der Konjunktur direktdemokratischer Mitwirkungsformen – nachlassende Integrationskraft unseres politischen Systems?, „Politikverdrossenheit"?, Zeitgeist? – müssen in diesem Beitrag außen vor bleiben. Sie gilt es jedoch in die Wertung mit einzustellen, wenn es dann um den Gesamtbereich direkter Demokratie geht.

Der vorliegende Beitrag wird dementsprechend in einem **ersten Teil** die grundlegende Frage stellen: Repräsentative oder plebiszitäre Demokratie – Spannung oder Ergänzung? Im **zweiten Teil** – bearbeitet von Christian Gebhardt – werden Bürgerbegehren und Bürgerentscheid in ihrer grundsätzlich gleichen, aber im Detail in den einzelnen Ländern unterschiedlichen Ausgestaltung dargelegt, rechtlich eingeordnet und gewertet. Beginnend mit den formellen Voraussetzungen rechtmäßiger Bürgerbegehren und Bürgerentscheide werden Antragstellung und Zulassungsentscheidung, Sperrwerk und Sicherungsanspruch etc. unter materiellem Aspekt – namentlich die dem Bürgerentscheid zugänglichen Materien (Kataloge) – auch vor dem Hintergrund des Gebots der Wirtschaftlichkeit und der Sparsamkeit behandelt, um schließlich zentrale Fragen von Verantwortung und Legitimation (bestimmt durch die Ausgestaltung der Quoren) darzulegen.

Einem knapperen **Schlussteil** bleibt eine Gesamtwertung sowie die Forderung vorbehalten, Kommunale Selbstverwaltung neu zu denken und Bürgerbegehren und Bürgerentscheid in einer neuen Bürgerverfassung Selbst-Verwaltungs-entsprechend zu positionieren: Welche Art von Plebiszit verträgt unsere kommunale Selbstverwaltung.[8]

---

[7] Dazu etwa Knemeyer, Bürgerbeteiligung (FN 5). S. 36 ff.

[8] Hier von örtlicher Demokratie zu sprechen wäre verfehlt und würde der Doppelfunktionalität kommunaler Selbstverwaltung – Effektivität einerseits und Demokratie andererseits – widersprechen.

II. Der verfassungsrechtliche Hintergrund für Bürgerbeteiligung

Die Selbstverwaltung der Gemeinden dient dem Aufbau der Demokratie von unten nach oben, so heißt es in Art. 11 Abs. 4 der Bayerischen Verfassung. Allen anderen Länderverfassungen liegt dieses Prinzip unausgesprochen zugrunde. Mecklenburg-Vorpommern hat es von der Bayerischen Verfassung ausdrücklich übernommen.

In der Demokratie – so bestimmt es das Grundgesetz – geht alle Gewalt vom Volke aus (Art. 20 Abs. 2 S. 1 GG). Sogleich anschließend heißt es jedoch: Sie wird vom Volke in Wahlen und Abstimmungen ... ausgeübt und durch besondere Organe wahrgenommen. Nicht der Bürger ist also der Entscheider, der Bürger wirkt – jedenfalls auf Bundesebene – nur indirekt durch die Wahrnehmung des Wahlrechts an der Gestaltung seines Lebensumfeldes mit. Die eigentliche politische Willensbildung – die Entscheidung – wird in unserem Verfassungsstaat von den Parteien wahrgenommen (Art. 21 GG). Auch Kommunalpolitik wird maßgeblich von Parteien und vermehrt auch von Wählervereinigungen bestimmt. Der Bürger wirkt primär durch die von ihm gewählten Vertreter mit. Im Parteienstaat des Grundgesetzes ist ein derartiges repräsentatives System für den parlamentarischen Bereich unumgänglich. Aber auch in der kommunalen *Selbstverwaltung* kommt man ohne das repräsentative System nicht aus. Neben der Teilnahme der Bürger in Wahlen und Abstimmungen gewinnen jedoch andere Formen der Bürgerbeteiligung mehr und mehr an Bedeutung. Gerade in ihnen sieht man die notwendige Stärkung der Demokratie. Enthielten Grundgesetz, Länderverfassungen und Kommunalgesetze lange Zeit nur Rudimente unmittelbarer Bürgerbeteiligung, so sind „plebiszitäre" Anreicherungen namentlich seit Beginn der 90er Jahre unverkennbar. Stark ausgestaltet sind sie für die kommunale Ebene. Verstärkt wurde das Recht der Bürgerabstimmungen (der Volksentscheide) in den Länderverfassungen und diskutiert wird es nach einer langen

Periode der Ablehnung erneut für die Bundesebene und das Grundgesetz.[9]

III. Repräsentative oder plebiszitäre Demokratie? Eine falsche Fragestellung!

Nicht selten hat mich die Tagespresse in den vergangenen Jahren – nicht zuletzt in der Debatte um „Mehr Demokratie"[10] – veranlasst, zu überlegen, ob ich wohl im „richtigen Film" sei. Als Verfassungsrechtler sollte ich eigentlich die Bundes- und Landesverfassung, aber auch die Kommunalverfassung kennen und richtig zu lesen und zu interpretieren verstehen. Da findet man auf Bundesebene das System der repräsentativen Demokratie im Wesentlichen rein und ausschließlich verwirklicht. Auf Landesebene wird das repräsentative System, also unsere parlamentarische Demokratie, ergänzt durch das Instrument des Volksentscheides, bezogen auf die Volksgesetzgebung im Einzelfall. Schließlich wird unser repräsentatives System auf der kommunalen Ebene ergänzt durch eine Vielzahl kommunikativer Elemente in Form von Mit- und Einwirkungsrechten. Letztlich kann der Bürger im Wege des Bürgerentscheides sogar einzelne, dem Rat übertragene Aufgaben an sich ziehen und selbst entscheiden.

Einig ist man sich aber in allen auch noch so unterschiedlich positionierten Lagern der Demokraten darüber, dass die Basis unseres Systems der Parlamentarismus ist. Er ist und bleibt das

---

[9] Zur Bestandsaufnahme in Einzelnen siehe Teil 2 sowie Gebhardt, Direkte Demokratie im parlamentarischen System – Bürgerbegehren und Bürgerentscheid in Bayern, Würzburger Rechtswissenschaftliche Schriften Bd. 22, Würzburg 2000, S. 25 ff. und S. 35 ff.

[10] Zur Selbstdarstellung dieser „Bewegung" siehe etwa Andreas Paust, Direkte Demokratie in der Kommune. Beiträge zur Demokratieentwicklung von unten, Bd. 14, Bonn 1999 sowie Seipel/Mayer, Triumph der Bürger! Mehr Demokratie in Bayern und wie es weitergeht, München 1997 (mit Rezension Gebhardt, in BayVBl. 1998, S. 256).

prägende Element. Dennoch wird die plebiszitäre Demokratie immer wieder mit einem Glorienschein umgeben. Verbreitet ist die Ansicht, dass Demokratie jedenfalls in ihrem Kern Autonomie des Volkes darstellt – *Selbst*regierung und *Selbst*entscheidung. Folgerichtig wird dann jeder Schritt zur Zurückdrängung repräsentativer Elemente von dieser Warte aus als Fortschritt begrüßt, der die Demokratie näher zu sich selbst und zur Vollendung führe. Dieses System- in unserer Verfassung jedenfalls nicht angelegt – wird zuweilen unreflektiert als *herrschend* hingestellt. In der öffentlich vermittelten Meinung gilt der Abbau politischer Repräsentation als progressives verfassungspolitisches Programm.

Nun ist eine derartige Sicht keineswegs unverständlich vor dem Hintergrund vieler Enttäuschungen mit der repräsentativen Demokratie. Sensibel gegenüber den politischen Institutionen, wird echte oder herbeigeredete Politik-(besser Politiker-)Verdrossenheit zu einer Vertrauenskrise der repräsentativen Demokratie hochstilisiert, obwohl Umfragen immer erneut zeigen, dass die letzten 50 Jahre unserer Demokratiegeschichte eine einmalige Erfolgsgeschichte sind. Auch der weit überwiegende Teil der Deutschen unterstützt dieses System als solches voll und ganz. Die Zustimmung ist, wie u.a. die Wahlbeteiligung zeigt, sogar nicht unerheblich stärker ausgeprägt als in anderen Ländern. Aber in typisch deutschem Hang zur Selbstzerredung der eigenen „Errungenschaften" und zur Vergrößerung jeden Fehlers, den die anderen machen, musste und muss sich auch wohl unser politisches System derartig überzogene Kritik gefallen lassen.

Einig ist man sich freilich – bei Nachfrage – zumindest in folgendem Punkt: Ohne das repräsentative System als grundlegende Basis geht es nicht. Eine Wende etwa zur Schweizer Referendumsdemokratie – die ihrerseits ja nicht ohne wesentliche repräsentative Elemente auskommt – *ist völlig unvorstellbar.*

Können wir uns insoweit einigen, dass repräsentative und plebiszitäre Demokratie nicht als Alternativen, sondern nur in gegenseitiger Ergänzung zu diskutieren sind, so geht es bei unserer Frage nach der Art der Demokratie nur (!) um die Gewichtigkeit plebiszitärer Elemente in einem grundsätzlich repräsentativ angelegten Staatssystem.

Da aber von Aufgaben und Funktion der unterschiedlichen Ebenen im Staat auch – effektivitätsbestimmt – die plebiszitären Elemente unterschiedlich sind und sein müssen, möchte ich mich im Folgenden auf die Ebene beschränken, auf der bürgerschaftliche Mit- und Einwirkung am ehesten Platz greifen kann und schon jetzt etabliert ist: die kommunale Ebene.

IV. Örtliche Demokratie – Wahlen und vielfältige Mit- und Einwirkungsformen in einer effektiv funktionierenden kommunalen Selbstverwaltung

Ausgehend von der Prämisse, dass politische Systeme nicht nur demokratiegestützt und demokratiegetragen, sondern auch effektiv funktionieren müssen, kann die Frage nach Art und Umfang bürgerschaftlicher Ein- und Mitwirkungsrechte im kommunalen Bereich nur in einer Abwägung der verschiedenen Funktionen kommunaler Selbstverwaltung erfolgen. Das Wünschbare gilt es so auszubalancieren und zu einem Ergebnis zu führen, in dem eine möglichst weitgehende Einflussnahme der Bürger auf die Kommunalpolitik das notwendig effektive System nicht unverhältnismäßig behindert.

Ein solches *gemischtes System* trägt dem Erfordernis einer offenen Demokratie Rechnung – einer Demokratie, gekennzeichnet durch Verantwortlichkeit und Kommunikation.

Schon seit den 50er Jahren wird in den Vereinigten Staaten unter den Schlagworten 'civic culture' oder 'civic society' eine beteiligungsorientierte politische Kultur im Rahmen der Strukturen repräsentativer Demokratie diskutiert. Wesentlich ist, dass die Erörterungen eingebunden sind in die repräsentativen Strukturen mit ihren Verantwortlichkeiten – repräsentative Strukturen, die nicht nur realisiert werden in einer Nichtwiederwahl nach Ablauf der Wahlperiode, sondern sich durch vielfältige Möglichkeiten der Kommunikation immer wieder verwirklichen. Wo aber wäre diese Kommunikation in unserem bundesrepublikanischen System eher zu verorten, als auf der kommunalen Ebene. Hier gibt es – zumeist in der öffentlichen, aber auch in der literarischen Diskussion unbeachtet – *vielfältige Einwirkungsmöglichkeiten* auf Entscheidungsverfahren: gesellschaftlicher Einfluss durch einzelne Bürger, Bürgerinitiativen, Interessengruppen, Runde Tische und schließlich insbesondere auch durch die Medien. Hier gilt es ebenfalls immer wieder hervorzuheben, dass der Anspruch der Bürger, aber auch der Interessengruppen, Entscheidungen zu beeinflussen und Berücksichtigungszwänge zu schaffen, zu Recht besteht. Denn es gibt keine Parlamentssouveränität und keine Souveränität der kommunalen Mandatsträger im Sinne einer Freistellung von gesellschaftlichen und bürgerschaftlichen Einflussnahmen. Vom System her sind sie gewollt und müssen gewollt sein: Man beachte nur die vielfältigen institutionalisierten Möglichkeiten wie Öffentlichkeitsanhörungen in vielen Fachgesetzen, Bürgerfragestunden, Einschaltung sachkundiger Bürger in die Mitarbeit im Rat und in seinen Ausschüssen, Bürgeranträge und Bürgerversammlungen und schließlich die nicht institutionalisierten Einflussnahmemöglichkeiten in Kontakten mit Mandatsträgern etc.

Für eine wirksame Bürgerbeteiligung ist eine aktive kommunale Öffentlichkeitsarbeit unabdingbar. So formuliert z.B. die sächsische Gemeindeordnung vorbildlich: „Die Gemeinde informiert ihre Einwohner laufend über die allgemein bedeutsamen Angelegenheiten ihres Wirkungskreises.[11]

---

[11] Zu Funktion und Bedeutung kommunaler Öffentlichkeitsarbeit, Knemeyer, Bürgerbeteiligung und Kommunalpolitik (FN 5), S. 89 ff. mit weiteren Nachweisen sowie ders., Bürgermeister und Öffentlichkeitsarbeit, Bayerische Verwaltungsblätter, 1998, S. 33 ff.

1. Bürgeraktive Wahlsysteme

Örtliche Demokratie, zunächst allein gekennzeichnet durch die Wahl der Vertretungsorgane, ist sehr bald erweitert worden durch vielfältige andere Möglichkeiten der Mit- und Einwirkung. Vor allem aber ist das Wahlsystem in einer Art ausgestaltet worden, die dem Bürger vielfältige Mitgestaltungsmöglichkeiten in Bezug auf seine Repräsentanten eingeräumt hat. Gehen einige Länder noch heute vom System der starren Listen aus,[12] so hat Bayern neben Baden-Württemberg schon früh sein Kommunalwahlrecht weitgehend personalisiert und von starren Vorschlägen der Parteien abgekoppelt.[13] Bayern hat sein Kommunalwahlrecht zu einer „demokratischen Delikatesse ausgestaltet". Es ermöglicht dem Bürger, „in den Listen zu surfen",[14] oder anders formuliert: Kumulieren und Panaschieren schaffen einen bürgernahen Rat.[15] Örtliche Demokratie erschöpft sich aber schon seit langer Zeit nicht mehr im Wahlakt.

---

[12] Siehe etwa die Tabelle bei Knemeyer, Bürgerbeteiligung und Kommunalpolitik (FN 5), S. 168 f.

[13] Dazu im Einzelnen Knemeyer, in: Knemeyer/Jahndel, Parteien in der kommunalen Selbstverwaltung, Kommunalforschung für die Praxis, Heft 28, Stuttgart u.a. 1991.

[14] So die typisch „Oberreuterische" Terminologie; siehe etwa Heinrich Oberreuter, Selbstregierung oder Stellvertretung. Zum Eigenwert repräsentativer Demokratie, in: Bürgerbegehren und Bürgerentscheid. Situation, Analysen, Erfordernisse, hrsg. v. d. Bayerischen Landeszentrale für politische Bildungsarbeit, Bd. D 50, München/Tutzing 1998, S. 13 ff.

[15] Zu diesem System und seinen Auswirkungen auf die Kommunalpolitik: Knemeyer, Stärkung kommunaler Selbstverwaltung durch Stärkung örtlicher Demokratie, Festschrift für Martin Kriele, München 1997, S. 1141 ff., S. 1146 f. und zum System im Einzelnen ders., Bayerisches Kommunalrecht, 10. Aufl., München 2000, Rn. 196 ff.

2. Betroffenenpartizipation und allgemeine Bürgerpartizipation

In Abgrenzung zu den Möglichkeiten der Wahrnehmung eigener Rechte als von einer Verwaltungsentscheidung Betroffener[16] hatte und hat der Bürger vielfältige Möglichkeiten demokratischer Mit- und Einwirkung. In der öffentlichen Diskussion, aber horribile dictu auch in der Fachdiskussion, bleiben zumeist unbeachtet – vielleicht weil mittlerweile selbstverständlich – die Einrichtungen allgemeiner Bürgerbeteiligung: Öffentlichkeitsbeteiligung im Gegensatz zu Betroffenenbeteiligung – etwa im Baugesetzbuch und im Städtebauförderungsgesetz, im Raumordnungsgesetz, im Landesplanungsgesetz, im Flurbereinigungsgesetz, im Abfallbeseitigungsgesetz, im Naturschutzgesetz, im Wald- und Wassergesetz, im Immissionsschutzgesetz und in dem die allgemeinen Regeln des Verwaltungsverfahrens (speziell das allgemeine Planfeststellungsrecht) enthaltenen Verwaltungsverfahrensgesetz. So ist z.B. die Beteiligung der Öffentlichkeit an der Aufstellung von Bauleitplänen im Jahre 1976 durch Novellierung des 1960 erlassenen Bundesbaugesetzes eingeführt worden. Mit dieser Novelle wurden die Gemeinden erstmals verpflichtet, die allgemeinen Ziele und Zwecke ihrer Planung öffentlich darzulegen und allen Einwohnern Gelegenheit zur Äußerung und Erörterung zu geben. Diese und andere Bürgerbeteiligungsverfahren zeigen, dass auch der Gesetzgeber für Bürgermitwirkung sensibel geworden ist. Hier wird Mitwirkung im Interesse einer besseren Verwaltungsentscheidung, die damit auch der Allgemeinheit zugute kommt, als echte Bürgermitwirkung für das bonum commune gewährt. Durch eine derartige Einschaltung der Bürger wird die Aufgabenwahrnehmung durch die Repräsentativorgane ergänzt und fundiert.

---

[16] Betroffenen-Demokratie gibt es nicht; Demokratie hat für alle verbindlich zu entscheiden und lässt somit regelmäßig 'Betroffene' zurück. Die Betroffenenanhörung im Verwaltungsrecht ist davon zu unterscheiden. Zur Unterscheidung zwischen Öffentlichkeits- und Betroffenenpartizipation Hendler, Zu den Vorzügen und Nachteilen verstärkter Bürgerbeteiligung auf kommunaler Ebene, Der Landkreis 1995, S. 321 ff.

Den eigentlichen Durchbruch hat die erweiterte Bürgermitwirkung in den Partizipationsnovellen der 90er Jahre erfahren.
Neben der Einrichtung von Bürgerfragestunden und Bürgerbe-
fragungen und auch der Einschaltung sachkundiger Bürger in die
Mitarbeit in Rat und/oder seinen Ausschüssen stehen Ratsreferenden
und Ratsbegehren (kleine Bürgerbegehren auf Ratsentscheidungen),
Bürgeranträge und Einwohner- oder Bürgerversammlungen sowie
nicht institutionalisierte Formen der Bürgerbeteiligung und vielfältige informelle Einflussmöglichkeiten im Kontakt mit Mandatsträgern etc.[17] Aber auch auf dem Wege über Petitionen[18] wird nicht
selten Einfluss auf die (Kommunal-)Politik genommen.

3. Die wichtigsten Elemente im Bereich allgemeiner Bürger-partizipation: Bürgerbegehren und Bürgerentscheid

Alle diese Möglichkeiten müssen einbezogen werden in die
Abwägung zwischen Demokratie und Effizienz sowie bei der richtigen Gewichtung zwischen repräsentativer und plebiszitärer Demokratie vor Ort, wenn die stärkste Form der Bürgerbeteiligung – der
Bürgerentscheid – gewichtet wird. Bei dieser Mitwirkungsform –
das gilt es zu beachten – werden die gewählten Repräsentanten ad
hoc für eine Einzelentscheidung ihres Amtes quasi enthoben. Der
Bürger fordert die Selbstentscheidung und die Selbstverwaltung
von den von ihm Beauftragten zurück.[19]

---

[17] Dazu Knemeyer, Bürgerbegehren und Bürgerentscheid – Demokratiewert,
Politikbedeutung, erste Erfahrungen, BayVBl. 1996, S. 545 ff., sowie
weiterführend Knemeyer, Bürgerbeteiligung (FN 5), S. 83 ff.

[18] Dazu näher Maren Wittzack, Die „Ratspetition" im Gefüge bürgerschaftlicher
Mitwirkungsmittel auf kommunaler Ebene, in Bockhofer (Hrsg.), Mit
Petitionen Politik verändern, Baden-Baden 1999, S. 134 ff.

[19] Zur Vielfalt und zum Stand in den einzelnen Ländern Knemeyer, Bürgerbeteiligung und Kommunalpolitik (FN 5), insb. die Tabelle S. 168 f. – Siehe
auch Jesse, Mitwirkungsmöglichkeiten der Bürger und Einwohner nach den
deutschen Gemeindeordnungen unter besonderer Berücksichtigung der
Neuregelung in Nordrhein-Westfalen (1994), Diss. jur. Bielefeld 1997.

4. Zugewinne durch Reformen der inneren Kommunalverfassungen

Neben grundlegenden Änderungen der Kommunalverfassungssysteme in den Kommunalrechtsnovellen der 90er Jahre, bestimmt durch die weitgehende Übernahme der so genannten süddeutschen Ratsverfassung[20] mit Direktwahl des Rats- und Verwaltungschefs, belegt die Einführung von Bürgerbegehren und Bürgerentscheid eine veränderte Position des Bürgers in der Kommunalpolitik, gleichzeitig auch ein neues Verständnis des Bürgers für die Kommunalpolitik. Die erst am Anfang stehende Entwicklung könnte – wie *Ossenbühl* es zu Recht prognostiziert – mit einer neuen „Bürgergesellschaft eine völlig neue Phase in der Kommunalpolitik einleiten".[21] Vor diesem Hintergrund gilt es – das sei nochmals betont – in Abwägung zwischen Demokratie und Effizienz eine selbstverwaltungsverträgliche Bürgermitwirkung zu normieren.[22] Nur dann wird es gelingen dem „Ruf nach dem Plebiscit" die richtige Antwort zu erteilen und die „neuartige Hoffnung auf die vox populi"[23] nicht überzubewerten.

---

[20] Dazu im Einzelnen Knemeyer, Die duale Rat-Bürgermeister-Verfassung im Kommunalrecht, JuS 1998, 193. – Nach den Reformen kann man die Kommunalverfassungen in den deutschen Ländern wie folgt bezeichnen und gliedern: Duale Rat-Bürgermeister-Verfassung unter einer urgewählten Spitze: BW, BY, NRW, RhPf, Saarl, Sa und Thür; duale Rat-Bürgermeister-Verfassung mit zwei Spitzen: Bra, MeV, S-A, SH und – mit der Möglichkeit, den Bürgermeister auch zum Ratsvorsitzenden zu wählen, also sich für eine Spitze zu entscheiden: Nds.; unechte Magistratsverfassung: nur in Hessen.

[21] *Ossenbühl*, Bürgerbegehren und Bürgerentscheid, in: Gelebte Demokratie, Festschrift für Manfred Rommel, Stuttgart u.a. 1997, S. 247 ff., S. 249.

[22] Dazu Blanke/Hufschlag, Kommunale Selbstverwaltung im Spannungsfeld von Partizipation und Effizienz, JZ 1998, S. 653 ff. und zur Abwägung beider Funktionen grundsätzlich auch Steinger, Amtsverfassung und Demokratieprinzip, Kommunalrecht – Kommunalverwaltung, Bd. 24, Baden-Baden 1997, insb. S. 30 ff.

[23] Isensee, Am Ende der Demokratie – oder am Anfang? Berlin 1995, S. 31 f.; zum „täglichen Plebiscit" Walter Leisner, Die demokratische Anarchie, 1982, S. 116 ff.

Bürgerbegehren und Bürgerentscheid als wichtigste Ergänzung des Kommunalwahlrechts können und werden das Gesicht der örtlichen Demokratie maßgeblich bestimmen, wenn sie denn „selbst-verwaltend" ausgestaltet sind und beiden Akteuren – den Repräsentanten – den gewählten Mandatsträgern und den Bürgern die richtigen Positionen zuweist, wenn sie dem Bürger gibt was des Bürgers ist und dem Rat belässt, was des Rates ist.[24] Kein anderes Instrument ermöglicht ein ähnliches Maß an Aktivierung der Bürger für die eigenen Belange, kein anderes kann aber auch so starke Auswirkungen auf eine von Rat und Bürgermeister insgesamt zu vertretende gesamtkonzeptionelle – effektiv zu gestaltende und umzusetzende – Kommunalpolitik entfalten.

5. Umsetzung rechtlicher Systeme durch Menschen

Wie alle Systeme, so wird auch dieses System von Menschen aufgefüllt, die bei der Definition des Gemeinwohls nicht immer frei sind von Sonderinteressen und Egoismen. Soweit sie in dem diffizilen Kompromissprozess zur Schaffung gemeinwohlentsprechender Ziele fehlgehen, bedarf es der Korrektur, nicht jedoch der Abschaffung des Systems. Denn die repräsentative Demokratie mit ihrer Vielzahl kommunikativer Elemente ist die einzige Antwort auf die Notwendigkeit, unter gegebenen Umständen Konflikte und Probleme rational zu lösen.

Wie jede Volksvertretung, so handelt auch der Gemeinderat in einem dynamischen Prozess, in dem im Wege der Kompromissfindung Übereinstimmung erzielt werden soll. Je besser dieser Prozess funktioniert, um so entbehrlicher erweisen sich dann plebiszitäre Verfahren zur Ersetzung einzelner repräsentativer Entscheidungen – also Bürgerentscheide. Je weniger der Prozess aber funktioniert, je mehr also das notwendige Vertrauen verloren wurde, um so notwendiger erscheinen eigenständige Entschei-

---

[24] Knemeyer, Kommunale Selbstverwaltung neu denken, DVBl. 2000, S. 876 ff.

dungsmöglichkeiten und damit verbunden die partielle Entsetzung der im Wahlakt grundsätzlich als allzuständige Vertreter Gewählten.

Als Antwort auf das trotz vielfältiger kommunikativer Elemente in der Krise gesehene Kommunalsystem sind Bürgerbegehren und Bürgerentscheid zur partiellen Entsetzung der Repräsentativorgane sinnvoll. Sie stellen eine wertvolle Ergänzung des grundsätzlich repräsentativ angelegten Systems dar. Vielleicht ermöglichen sie sogar mit der Zeit eine neue Bürgerkultur oder, wenn Sie es dann in einem Schlagwort haben wollen: eine Mitmach-Demokratie.

6. Demokratie und Effizienz – zwei „spannende" Elemente kommunaler Selbstverwaltung

Plebiszitäre Elemente sind jedoch nur dann systemgeeignet, wenn sie sich sinnvoll einfügen lassen und beiden Funktionen kommunaler Selbstverwaltung, der Effektivität einerseits und dem Bürgerengagement andererseits, das richtige Gewicht belassen und klargestellt ist, dass plebiszitäre Elemente nicht um ihrer selbst willen bereits moralisch überhöht sind. Es ist nicht undemokratisch, wenn man die Instrumente politischen Handelns praktikabel ausgestaltet. Versucht man, die Demokratiediskussion zu versachlichen, so ist von vornherein klar, dass sich unser politisches System auf der örtlichen Ebene auch nicht im Ansatz zur Schweizer Referendumsdemokratie umkehren lässt.

7. Auflösung dieser Spannungen

Vor dem hier aufgezeigten Hintergrund gilt es Kriterien zu entwickeln für Bürgerentscheide, die dem System unserer kommunalen Selbstverwaltung Rechnung tragen: Die neuen Instrumente versprechen dann einen Gewinn an Demokratie, wenn sie selbst und ihr Gebrauch demokratischen Spielregeln gerecht werden. Sie sind selbstverwaltungskonform, wenn sie die Funktionsfähigkeit der kommunalen Repräsentativorgane nicht unverhältnismäßig einschränken.

Neben einer Reihe anderer Einzelkriterien – z.B. klarer Negativ- oder Positivkatalog und Kostendeckungsvorschlag – ist vor allem eine Ausbalancierung zwischen Bindungswirkung und Quorum erforderlich. Ohne Quorum geht es ebenso wenig wie ohne eine Bindungswirkung der Bürgerentscheide. Dabei darf auch die Verankerung der bürgerschaftlichen Verantwortung mittels Erfordernis eines Kostendeckungsvorschlags beim Bürgerbegehren nicht außen vorgelassen werden. Repräsentationsentsprechend – und vor allem anderen Länderregelungen folgend – wäre eine Kombination zwischen einem 25-30 %-Quorum bei einer zweijährigen Bindungswirkung. Diese entspräche sowohl der notwendigen Funktionsfähigkeit kommunaler Selbstverwaltung als auch einer angemessenen Sicherung des im aufwendigen Verfahren gefundenen Ergebnisses eines Bürgerentscheides. Bei einem niedrigeren Quorum ist demgemäß auch eine entsprechend kürzere Bindungswirkung – wie z.B. von lediglich einem Jahr (so die Regelung in Bayern) – erforderlich.

Vielleicht ist ja ein *modifiziertes Modell* geeigneter, die Spannungen zwischen repräsentativ und plebiszitär angelegter Demokratie einerseits und funktionsfähiger Kommunalselbstverwaltung nachhaltiger zu lösen. Könnte der neue bayerische Weg – angestoßen durch eine Entscheidung des bayerischen Verfassungsgerichtshofs[25] – zu einem neuen, allgemein gangbaren Weg werden?

Der Verfassungsgerichtshof sieht das Problem des Bedeutungsschwundes des neuen Instrumentariums in größeren Städten bei „normalem" 25 %-Quorum. Er gibt einen Fingerzeig zur Höhe des Quorums, ausgedrückt durch eine „gewisse Repräsentativität". Ein eigener bayerischer Weg? Vielleicht ein neuer, allgemein gangbarer Weg?

Vor dem Hintergrund größenabhängiger Bürgerbeteiligung und unter dem Aspekt, Bürgerentscheide in größeren Städten nicht von vornherein leer laufen zu lassen, erscheint ein Zustimmungs- bzw.

---

[25] BayVerfGH BayVBl. 1997, S. 622 ff. – vgl. dazu auch Teil 2.

Entscheidungsquorum in Großstädten über 100.000 Einwohner von 20 % und in der Landeshauptstadt (ca. 1,3 Mio. Einwohner) von 15 % akzeptabel.

Im **Ergebnis** würde eine derart ausgestaltete repräsentative Demokratie mit vielfältigen kommunikativen Elementen – ergänzt durch Bürgerentscheide – unserer kommunalen Selbstverwaltung mit ihren Verwaltungs- und politisch-demokratischen Funktionen voll gerecht zu werden. Auf Landesebene wird dann das repräsentative System durch Volksentscheide ergänzt.[26] Auf Bundes- und Europa-Ebene sind derartige Ergänzungen systemfremd und unangebracht.

Wie ein solcher Weg in concreto aussehen könnte, soll nach einer allgemeinen Bestandsaufnahme, bezogen auf die verschiedenen Systeme in den Bundesländern (Teil 2 Gebhardt), in einem eigenen Teil 3 unter der Überschrift „Bürgerbegehren und Bürgerentscheid in einer neuen Bürgerverfassung" entwickelt werden. Denn der Demokratieschub zu einer neuen Bürgerkultur lässt auch Bürgerbegehren und Bürgerentscheid neu einordnen und regt an, kommunale Selbstverwaltung insgesamt neu zu denken.

---

[26] Zum Gesamtproblem Engelken, Demokratische Legitimation bei Plebisziten auf staatlicher und kommunaler Ebene, DÖV 2000, S. 881 ff.

Teil 2:
Konkrete Ausgestaltung von Bürgerbegehren und Bürgerentscheiden in den verschiedenen Kommunalverfassungen, insbesondere im Freistaat Bayern

CHRISTIAN GEBHARDT

Regelungen über Bürgerbegehren und Bürgerentscheide finden sich mittlerweile in Baden-Württemberg, Bayern, Brandenburg, Hessen, Mecklenburg-Vorpommern, Niedersachsen, Nordrhein-Westfalen, Rheinland-Pfalz, Saarland, Sachsen, Sachsen-Anhalt, Schleswig-Holstein und Thüringen[1] und somit in allen **Flächenländern** der Bundesrepublik Deutschland. Diesen Normierungen ist eine ähnlich gelagerte Grundstruktur zu eigen, so dass es sich grundsätzlich um das gleiche kommunale Direktentscheidungsrecht der Bürger in Sachfragen handelt. Dennoch gibt es im Einzelnen Unterschiede, auch wenn diese nicht immer gravierend sind. Obwohl mittlerweile auch in Bayern mit der Novelle des Art. 18 a BayGO[2] durch eine Zeitpunktverschiebung des Eintrittes des Suspensiveffektes (= aufschiebender Effekt), vor allem aber durch die Normierung eines Abstimmungsquorums beim Bürgerentscheid eine gewisse Angleichung stattgefunden hat, lässt sich anhand eines Vergleiches besonders gut die exponierte Stellung der bayerischen Regelung im Verhältnis zu den übrigen Kommunalverfassungen der Flächenländer

---

[1] § 21 BWGO, Art. 18 a BayGO, § 20 BranGO, § 8 b HGO, § 20 KVM-V, § 22 b NGO, § 26 GONW, § 17 a RhPf-GO, § 21 a SaarlKSVG, §§ 24, 25 SächsGemO, §§ 25, 26 GOLSA, § 16 g SchlH-GO, § 17 ThürKO.

[2] Gesetz vom 26.03.1999, GVBl. S. 86.

erkennen[3]. Auf die Regelung des § 8 a des Bezirksverwaltungs-
gesetzes der Freien und Hansestadt Hamburg wird vorliegend nicht
eingegangen, da die hamburgischen Bezirke lediglich unselbstän-
dige Verwaltungseinheiten darstellen und insoweit nicht mit den
Gemeinden der Flächenländern vergleichbar sind.

V. Zulässige und unzulässige Gegenstände von Bürgerbe-gehren und Bürgerentscheid auf der Ebene der Gemein-den in den Flächenländern

1. Der Grundsatz: eigene (wichtige) Angelegenheiten der Ge-meinde; Positivkataloge

In Bayern, Brandenburg, Niedersachsen, Nordrhein-Westfalen,
Sachsen sowie im Saarland[4] findet sich vom Grundsatz her eine
Begrenzung der Möglichkeit zur Initiierung von Bürgerbegehren
(bzw. Bürgerentscheiden) nur insoweit, als es sich um „Angelegenheiten des eigenen Wirkungskreises"[5] bzw. eine „Angelegenheit der Gemeinde" handeln muss.

---

[3] Gute Übersichten bzw. Zusammenstellungen hinsichtlich der unterschiedlichen Regelungen zu Bürgerbegehren und Bürgerentscheid in den Kommunalverfassungen der Bundesländer finden sich auch bei Klein, Die Ausgestaltung von Bürgerentscheiden in den Flächenstaaten, KommP BY 1999, S. 9 ff.
Pröckl, Die unmittelbare Beteiligung der Bürger an der Gemeindeverwaltung
nach bayerischem Kommunalrecht, Bayreuth 1999, zugl. Diss. iur. Bayreuth
1999, S. 265 ff.; Hofmann-Hoeppel/Weible, Bürgerbegehren und Bürgerentscheid – Rechtstradition und Rechtspraxis eines plebiszitären Elements
unter besonderer Berücksichtigung der Rechtslage in Bayern, BayVBL. 2000,
S. 577 ff. und 617 ff.

[4] Art. 18 a I BayGO, § 20 I BranGO, § 22 b I NGO, § 26 I GONW, § 21 a I
SaarlKSVG, § 24 I SächsGemO.

[5] Eine Beschränkung auf den eigenen Wirkungskreis findet in den Ländern ohne
eine solch direkte Erwähnung mittels Ausschluss des übertragenen Wirkungskreises bzw. von Weisungsaufgaben anhand des Negativkatalogs statt, vgl.
unten.

In Baden-Württemberg, Hessen, Mecklenburg-Vorpommern, Rheinland-Pfalz, Sachsen-Anhalt, Schleswig-Holstein und Thüringen[6] dagegen ist ein Bürgerbegehren nur dann zulässig, wenn es sich im eigenen Wirkungskreis um eine **„wichtige Gemeindeangelegenheit"** handelt. Es soll den Gemeindebürgern in diesen Ländern folglich verwehrt bleiben, jede auch noch so unbedeutende Angelegenheit des gemeindlichen Wirkungskreises einem kommunalen Plebiszit zu unterstellen. Probleme ergeben sich hierbei allerdings bei der Abgrenzung, was nun wichtige und was unwichtige Angelegenheiten der Gemeinde sind.[7] Daher wurde in Baden-Württemberg, Mecklenburg-Vorpommern, Rheinland-Pfalz, Sachsen-Anhalt und Schleswig-Holstein eine Präzisierung der „wichtigen Angelegenheit" durch so genannte Positivkataloge vorgenommen, d.h. es wurde eine Aufzählung der Abstimmungsgegenstände normiert, die der Landesgesetzgeber (insbesondere) als wichtige Angelegenheiten der Gemeinde angesehen hat,[8] beispielsweise die Errichtung, wesentliche Erweiterung und Aufhebung einer öffentlichen Einrichtung (§ 21 Abs. 1 Satz 2 Nr. 1 BWGO).

Durch die Begrenzung von Bürgerbegehren und Bürgerentscheiden auf das Gemeindegebiet sowie den eigenen Wirkungskreis der Gemeinden ergeben sich – trotz evtl. vorhandener Positivkataloge – in der Praxis oft erhebliche Abgrenzungsschwierigkeiten. So ergibt sich z.B. für die bayerische Rechtslage nach Art. 18 a Abs. 1 BayGO, Art. 12 a Abs. 1 BayLKrO, dass

---

[6] § 21 Abs. 1 BWGO, § 8 b Abs. 1 HGO, § 20 Abs. 1 KVM-V, § 17 a Abs. 1 RhPf-GO, § 25 Abs. 1 GOLSA, § 16 g Abs. 3 Schl-H-GO, § 17 Abs. 1 ThürKO.

[7] Vgl. dazu Waechter, Kommunalrecht, 3. Auflage, Köln u.a. 1997, S. 195 f.; Ritgen, Bürgerbegehren und Bürgerentscheid. Dargestellt am Beispiel des § 26 der nordrhein-westfälischen Gemeindeordnung, Baden-Baden 1997, zugl. Diss. iur. Bonn 1996/97, S. 44 f.

[8] § 21 Abs. 1 S. 2 BWGO, § 20 Abs. 2 KVM-V, § 17 a Abs. 1 S. 2 RhPf-GO, § 26 Abs. 2 S. 1 GOLSA, § 16 g Abs. 1 S. 2 Schl-H-GO. In Baden-Württemberg, Rheinland-Pfalz und Sachsen-Anhalt kann dieser Katalog aber durch die gemeindliche Hauptsatzung erweitert werden.

im Rahmen des Straßen- und Straßenverkehrsrechts die Anord-
nungen von Tempo-30-Zonen einem Bürgerbegehren nicht zugänglich sind.[9]

Dagegen können Fußgängerzonen mittels Bürgerentscheid in
den Kommunen eingerichtet werden, da hierbei die straßen-
rechtliche Zuständigkeit der Gemeinden den Schwerpunkt darstellt, durch den die straßenverkehrsrechtlich erforderlichen An-
ordnungen überlagert werden.[10] Bauplanerische Grundsatzent-
scheidungen sind bürgerbegehrensfähig, dagegen sind Entscheidungen mit Abwägungscharakter unzulässige Gegenstände von
Bürgerbegehren, da die hierbei nach § 1 Abs. 6 BauGB erforderlichen Abwägungen wegen der notwendigen Reduktion der Fragestellung auf ein „Ja" oder „Nein" (Art. 18 a Abs. 4 BayGO)
nicht vorgenommen werden können.[11]

Wurden gemeindliche Aufgaben auf einen Zweckverband oder
eine Verwaltungsgemeinschaft übertragen, sind diese einem
Bürgerbegehren entzogen. Eine Übertragung der Regelungen des
Art. 18 a BayGO auf die Ebene der Zweckverbände oder Ver-
waltungsgemeinschaften ist nicht möglich, da diese mitglied-

---

[9] Gebhardt, Direkte Demokratie im parlamentarischen System – Bürgerbegehren und Bürgerentscheid in Bayern, Würzburger Rechtswissenschaftliche
Schriften Bd. 22, Würzburg 2000, zugl. Diss. iur. Würzburg 2000, S. 173 ff.;
Thum, Bürgerbegehren und Bürgerentscheid in Bayern, Kommentar, Loseblatt, Kronach u.a., Stand: August 2000, Kennziffer 13.01, Anm. 2 d;
Neusinger, Bürgerbegehren und Bürgerentscheid. Aktuelle Fragen des kommunalen Volksentscheids in Bayern, Kronach u.a. 1999, zugl. Diss. iur.
Regensburg 1998, S. 58; Pröckl (FN 3), S. 96; Wegmann, Bürgerbegehren
und Bürgerentscheid. Zwischenbilanz und aktuelle rechtliche Fragen, in :
Bayerische Landeszentrale für politische Bildungsarbeit (Hrsg.): Kommunalpolitik in Bayern, München 1997, S. 90.

[10] Gebhardt (FN 9), S. 175 ff.; Thum (FN 9), Kennziffer 13.01, Anm. 2 d.

[11] VG Augsburg, VwRR BY 1997, 321 = Knemeyer/Hofmann-Hoeppel (Hrsg.),
Entscheidungssammlung zum Kommunalrecht, Loseblatt, Neuwied u.a.,
Stand: November 2000, Kennziffer 2331.63; Gebhardt (FN 9), S. 180 ff.;
Thum, Bürgerbegehren und Bürgerentscheid im Bauplanungsrecht, KommP
BY 1996, S. 251.

schaftlich organisierte Körperschaften sind, die im Gegensatz zu den kommunalen Gebietskörperschaften keine stimmberechtigten „Verbandsbürger" besitzen. Möglich ist jedoch eine mittelbare Einflussnahme der Bürger über das den Gemeinden zustehende umfassende Weisungsrecht hinsichtlich ihrer Verbandsräte (Art. 33 Abs. 2 S. 4 KommZG), da dieses eine eigene Angelegenheit der Gemeinden ist.[12]

2. Die inhaltliche Beschränkung durch sog. Negativkataloge

In allen Bundesländern einheitlich vorhanden sind aber genau aufgezählte Angelegenheiten, über die gerade kein Bürgerbegehren/Bürgerentscheid in den Gemeinden stattfinden soll.[13] Gründe hierfür sind zum einen, dass plebiszitäre Abstimmungen über diese Gegenstände rechtlich nicht zulässig sind,[14] zum anderen die mangelnde Geeignetheit bestimmter Bereiche für die beim Bürgerentscheid nötige, aber keinen (Abwägungs-)Spielraum gewährende Entscheidungsmöglichkeit zwischen Ja oder Nein.[15] Der Gesetzgeber hat diese Bereiche im Rahmen seiner sachbezogenen, legislatorischen Gestaltungsfreiheit von Bürgerentscheiden ausgeschlossen.[16]

---

[12] BayVGH, BayVBl. 1998, S. 242 (243 f.).

[13] § 21 Abs. 2 BWGO, Art. 18 a Abs. 3 BayGO, § 20 Abs. 3 BranGO, § 8 b Abs. 2 HGO, § 20 Abs. 3 KVM-V, § 22 b Abs. 3 S. 2 NGO, § 26 Abs. 5 GONW, § 17 a Abs. 2 RhPf-GO, § 21 a Abs. 4 SaarlKSVG, § 24 Abs. 2, S. 2 SächsGemO, § 25 Abs. 3 GOLSA, § 16 g Abs. 2 SchlH-GO, § 17 Abs. 2 ThürKO.

[14] Knemeyer, Der neue institutionelle Rahmen der Kommunalpolitik: Rechtliche Grundlagen und Grenzen bürgerschaftlicher Mit- und Einwirkung auf kommunaler Ebene – Folgen für die Kommunalpolitik, in: Gabriel/Knemeyer/Strohmeier, Neue Formen politischer Partizipation – Bürgerbegehren und Bürgerentscheid, Sankt Augustin 1997, S. 19.

[15] Ritgen, (FN 7), S. 46; Knemeyer, Bürgerbeteiligung und Kommunalpolitik, 2. Aufl., Landsberg 1997, S. 106 f.

[16] Ritgen, (FN 7), S. 44 sieht zu Recht in der Begrenzung von Bürgerbegehren/Bürgerentscheiden allgemein die Betonung der Tatsache, dass es sich bei diesen plebiszitären Elementen lediglich um eine Ergänzung des repräsentativen Systems handeln soll.

Trotz der unterschiedlichen Ausgestaltung dieser sog. Negativkataloge[17] lassen sich bestimmte Schwerpunkte erkennen. So schließen diese neben gesetzwidrigen Zielen z.B. die innere Organisation der Gemeindeverwaltung und Personalangelegenheiten, haushaltsrelevante Angelegenheiten (vor allem die Haushaltssatzung), Gemeindeabgaben und gemeindliche Tarife aus. Aus der Natur der Sache wird auch der übertragene Wirkungskreis ausgeschlossen. Bedeutsam ist auch der Ausschluss von Bürgerbegehren/Bürgerentscheiden bei Verfahren mit ohnehin gesetzlich vorgeschriebener Öffentlichkeitsbeteiligung.[18]

Die mit Abstand schmalsten Negativkataloge finden sich in Bayern[19] und Thüringen.[20] So umfasst der Ausschluss bestimmter gemeindlicher Angelegenheiten mittels Negativkatalog des Art. 18 a Abs. 3 BayGO lediglich die Angelegenheiten, die kraft Gesetzes dem Ersten Bürgermeister obliegen, die Fragen der inneren Organisation der Gemeindeverwaltung, die Rechtsverhältnisse

---

[17] Vgl. zu deren Ausgestaltung auch Waechter (FN 7), S. 195; Stober, Kommunalrecht in der Bundesrepublik Deutschland, 3. Aufl., Stuttgart u.a., 1996 S. 122.

[18] So lautet z.B. § 20 Abs. 3, Nr. 4 KVM-V: „Ein Bürgerentscheid findet nicht statt über [...] Entscheidungen nach § 36 des Baugesetzbuches, die Aufstellung, Änderung und Aufhebung von Bauleitplänen sowie sonstige Angelegenheiten, die im Rahmen eines Planfeststellungsverfahrens oder eines förmlichen Verwaltungsverfahrens mit Öffentlichkeitsbeteiligung oder eines abfallrechtlichen, immissionsschutzrechtlichen, wasserrechtlichen oder vergleichbaren Zulassungsverfahrens zu entscheiden sind."

[19] Der Bayerische Verfassungsgerichtshof (BayVerfGH, BayVBl. 1997, S. 622 [626 ff.]) hat diese enge Regelung jedoch als verfassungsgemäß angesehen, da sie vom legislatorischen Ermessen umfasst sei.

[20] Hierdurch soll den Bürgern ein möglichst hohes Maß an direkter Mitbestimmung bezüglich gemeindlicher Sachfragen gewährt werden. Diese Regelungen bergen dafür aber die Gefahr, dass sich allzu leicht ein Übergang der durch das Demokratieprinzip des Grundgesetzes geforderten Ergänzungsfunktion kommunaler Plebiszite hin zu einer Ersetzung des repräsentativen Systems ergeben kann, weil es den Bürger nahezu schrankenlos möglich ist, alle Bereiche gemeindespezifischer Tätigkeit an sich zu ziehen, vgl. Gebhardt. (FN 9), S. 121 f.

der Gemeinderatsmitglieder, Bürgermeister und Gemeinde-
bediensteten sowie die Haushaltssatzung. Durch diese sehr enge
Fassung des Art. 18 a Abs. 3 BayGO wird somit die Anwendbar-
keit von Bürgerbegehren und Bürgerentscheiden in Bayern auf
Gemeindeebene in nur wenigen Fallkonstellationen beschränkt.
Zudem ist insbesondere der Begriff der „Haushaltssatzung" restriktiv auszulegen und bezieht sich insbesondere nicht auf den
Haushaltsplan, weshalb auch Bürgerbegehren mit finanziellen
Folgen für die Gemeinden (und Landkreise) grundsätzlich nicht
am Ausschlusstatbestand des Art. 18 a Abs. 3 BayGO scheitern.[21]
Allerdings ist der Grundsatz der Wirtschaftlichkeit und Sparsamkeit (Art. 61 Abs. 2 S. 1 BayGO) als ein ungeschriebenes Tat-
bestandsmerkmal bei allem gemeindlichen und damit auch bei
bürgerschaftlichem Handeln im Rahmen des Art. 18 a Abs. 3
BayGO zu beachten.[22] Im Rahmen der Zulässigkeitsentscheidung
muss der Gemeinderat daher ein Bürgerbegehren als unzulässig
zurückweisen, dessen Ziele mit den Grundsätzen der Wirtschaftlichkeit und Sparsamkeit **schlechthin** unvereinbar sind.[23]

VI. Bürgerbegehren – Verfahren und notwendiger Inhalt auf der Ebene der Gemeinden in den Flächenländern

1. Grundsätzliche Anforderungen

Allen Regelungen über unmittelbare Direktentscheidungsrechte
auf kommunaler Ebene ist der zweistufige Ablauf der Entschei-
dungsfindung zu eigen. So steht auf der ersten Stufe das Bürgerbegehren, also der Antrag der Bürgerschaft auf Durchführung eines Bürgerentscheids (dieser wiederum stellt die zweite Stufe des
Verfahrens dar) über eine bestimmte Sachfrage. Diesem Bürger-

---

[21] Thum (FN 9), Kennziffer 13.03, Anm. 5.
[22] Gebhardt (FN 9), S. 205 ff.
[23] BayVGH, BayVBl. 1998, S. 402 (403).

begehren ist in allen Kommunalverfassungen das Verfahren sowie der wesentliche und notwendige Inhalt grundsätzlich gemein.

So muss das Begehren eine bestimmte Anzahl von Unterstützern aufweisen, welche sich auf Unterschriftenlisten für das Begehren aussprechen. Die nach der jeweiligen Gemeindeordnung erforderliche Anzahl an Unterstützern – das sog. Begehrens-, Zulassungs- oder Unterschriftenquorum – beträgt zwischen 10 % und 20 %.[24] Zum Teil ist dieser Prozentsatz aber nur eine Art Obergrenze dergestalt, dass mit zunehmender Gemeindegröße eine geringere Anzahl von Unterschriften mittels Festsetzung absoluter Zahlen ausreichend ist.[25]

Nur in Bayern gibt es von vornherein eine ausschließlich nach Prozentpunkten bemessene degressive Staffelung der erforderlichen Zahl der Unterstützer (zwischen 10 % und 3 %) bei zunehmender Gemeindegröße, Art. 18 a Abs. 6 BayGO. Das Sammeln der hierfür erforderlichen Unterschriften kann seitens der Initiatoren völlig frei gestaltet werden, da eine Eintragung in Amtsräumen auch nach der Novellierung des Art. 18 a BayGO nicht vorgesehen ist.[26] Vielmehr darf wegen Art. 18 a Abs. 17 S. 2 BayGO selbst eine gemeindliche Verfahrenssatzung das Recht auf freies Unterschriftensammeln nicht beeinträchtigen. Dies gab sowohl Anlass zu rechtpolitischer als auch zu verfassungsrechtlicher Kritik,[27] der Bayerische Verfassungsgerichtshof hat in seiner Ent-

---

[24] In Baden-Württemberg, Brandenburg, Hessen, Mecklenburg-Vorpommern, Niedersachsen, Nordrhein-Westfalen und Schleswig-Holstein beträgt das Zulassungsquorum 10 %, in Rheinland-Pfalz, Sachsen (Hauptsatzung kann jedoch geringeres Quorum festsetzen, mind. aber 5 %), Sachsen-Anhalt und im Saarland 15 % sowie in Thüringen 20 %.

[25] In Baden-Württemberg, Mecklenburg-Vorpommern, Niedersachsen, Nordrhein-Westfalen, Rheinland-Pfalz, Saarland und Sachsen-Anhalt trifft dies zu.

[26] Thum, Aktuelle Rechtsfragen zu Bürgerbegehren und Bürgerentscheid, KommP BY 1997, S. 90 f.

[27] Schmitt Gläser, Grenzen des Plebiszits auf kommunaler Ebene, DÖV 1998, S. 824 (827), sieht darin einen Verstoß gegen Art. 7 Abs. 2 BV mit der Konsequenz der Nichtigkeit einer solchen Regelung.

scheidung vom 29. August 1997[28] jedoch trotz der erkannten Manipulationsmöglichkeiten keinen Verstoß gegen höherrangiges Recht gesehen.[29] Entscheidend für die Begehrensberechtigung der Unterzeichner ist die kommunale Wahlberechtigung,[30] d.h. die Berechtigung, sich an dem Bürgerbegehren zu beteiligen, steht den (wahlberechtigten)[31] Gemeindebürgern[32] bzw. wahlberechtigten Gemeindeeinwohnern[33] zu.

Neben der erforderlichen Unterschriftenzahl stellen die Kommunalverfassungen noch weitere Voraussetzungen für ein zulässiges Bürgerbegehren auf. Der Antrag auf Durchführung des Bürgerentscheids bedarf einheitlich der Schriftform. Ferner muss sich auf den Unterschriftenlisten eine Begründung bezüglich des Anliegens des Bürgerbegehrens befinden. In den Ländern Bayern, Niedersachsen, Rheinland-Pfalz, Saarland, Sachsen, Sachsen-Anhalt und Thüringen muss die zur Entscheidung zu bringende Frage bereits abstimmungsgerecht formuliert sein, d.h. eine mit „Ja" oder „Nein" beantwortbare Fragestellung enthalten,[34] wodurch Rechtssicherheit bzgl. des Entscheidungsausganges sowie Vollziehbarkeit des Bürgerentscheids gewährleistet werden sollen.[35] Im Zusammenhang mit an sich zulässigen Abstimmungsfragen kann dieses formelle Erfordernis aber auch materielle Aus-

---

[28] BayVerfGH, BayVBl. 1997, S. 622 (628).

[29] Kritisch dazu Gebhardt (FN 9), S. 113 f.

[30] Berechtigt zur Teilnahme an Bürgerbegehren und Bürgerentscheid sind somit auch die Unionsbürger, vgl. dazu und insgesamt zum Meinungsstand Thum (FN 9), Kennziffer 13.01, Anm. 1 b.

[31] So die Formulierung in Sachsen und Sachsen-Anhalt.

[32] Baden-Württemberg, Bayern, Brandenburg, Mecklenburg-Vorpommern, Niedersachsen, Nordrhein-Westfalen, Saarland, Schleswig-Holstein und Thüringen.

[33] So die Formulierung in Hessen und Rheinland-Pfalz.

[34] Brandenburg und Nordrhein-Westfalen fordern dies erst für den Bürgerentscheid, in allen übrigen Ländern ergibt sich diese Notwendigkeit aus der Natur der Sache einer Sachabstimmung.

[35] Zur Judikatur nach bayer. Recht vgl. BayVGH, VwRR BY 1998, S. 125 ff.; BayVGH, VwRR BY 1998, S. 325 ff.; VG Bayreuth, VwRR BY 1997, S. 391 ff.

wirkungen dergestalt haben, dass bestimmte Teilbereiche sich als nicht geeignet für ein derartiges Ja/Nein-Schema herausstellen, namentlich im Bereich der Bauleitplanung.[36]

Ebenfalls eine wichtige Voraussetzung eines Bürgerbegehens ist die Benennung einer bestimmten, jeweils vorgeschriebenen Anzahl von vertretungsberechtigten Personen auf den Unterschriftenlisten. Zum einen legitimieren damit die Bürger die sie im Verfahren vertretenden Personen, zum anderen hat die Gemeindeverwaltung feste Ansprechpartner zur Besprechung von Einzelheiten.[37]

Um den gemeindlichen Haushalt nicht durch ausgabeintensive Angelegenheiten ohne eine entsprechende finanzielle Absicherung auf der Einnahmenseite zu belasten bzw. dessen Stabilität zu gefährden, ist für ein zulässiges Bürgerbegehren ein Kostendeckungsvorschlag erforderlich, d.h. das Bürgerbegehren muss einen Vorschlag zur Deckung der Kosten der verlangten Maßnahme im Rahmen des Gemeindehaushaltes enthalten (so beispielhaft § 20 Abs. 1 S. 4 BranGO).[38] Nur in Bayern wurde seitens der Initiatoren des zur Normierung von Bürgerbegehren/Bürgerentscheid führenden Volksbegehrens davon abgesehen, einen solchen Kostendeckungsvorschlag als Erfordernis vorzusehen.[39] Daher müssen sich in Bayern die Betreiber eines Bürgerbegehrens keine Gedanken über die Konsequenzen ihres Anliegens machen, was somit mangels fehlender Folgenfühlbarkeit dazu führen kann, dass auf eine eventuelle Gefährdung des gemeindlichen Haushalts keine Rücksicht genommen wird.[40] Die Nichtnormierung eines auf der

---

[36] Vgl. oben.

[37] Sachsen verlangt drei Vertreter, Bayern, Hessen, Niedersachsen, Nordrhein-Westfalen, Rheinland-Pfalz, Saarland, Sachsen-Anhalt und Schleswig-Holstein verlangen „bis zu drei" vertretungsberechtigte Personen.

[38] Zur Bedeutung des Kostendeckungsvorschlages Ossenbühl, Bürgerbegehren und Bürgerentscheid, in: Seiler (Hrsg.), Gelebte Demokratie – Festschrift für Manfred Rommel; Stuttgart u.a. 1997, S. 254 f.

[39] LT-Drs. 13/1252.

[40] Für viele Henneke, Das richtige Maß von Unmittelbarkeit und Distanz bei kommunalen Bürgerbegehren und -entscheiden, ZG 1996, 1 (17).

Basis von Gemeinwohlorientierung und Verantwortung beruhenden Kostendeckungsvorschlages kann sich somit als Achillesferse des Art. 18 a BayGO erweisen, und wenn auch nicht für das kommunale System insgesamt, so könnten dadurch doch einzelne Gemeinden an den finanziellen Abgrund gedrängt werden, wenn nicht der Grundsatz der Wirtschaftlichkeit und der Sparsamkeit trotz seiner restriktiven Handhabe hier quasi als Notbremse fungieren würde.

Eine weitere Abweichung von dem sich in den Ländern relativ einheitlich entwickelten System zu Bürgerbegehren existiert in Bayern im Zusammenhang mit sog. kassatorischen Bürgerbegehren. Während alle anderen Länder bei solchen Bürgerbegehren, die sich gegen einen gefassten Beschluss des gemeindlichen Kollegialorgans richten, eine bestimmte Frist festgelegt haben, innerhalb derer ein dagegen gerichtetes Begehren bei der Gemeinde eingereicht werden muss,[41] verzichtet Art. 18 a BayGO gänzlich auf eine Differenzierung bei der Zielsetzung eines Bürgerbegehrens. Das hat zur Folge, dass Bürgerbegehren unabhängig davon, ob sie innovativ, kassatorisch oder beides kombinieren, ohne jegliche Frist zulässig sind. Im Zusammenhang mit gegen bereits gefasste Ratsbeschlüsse gerichteten Begehren ergibt sich in Bayern daher die Problematik, dass auch über bereits vor längerer Zeit durch den Rat verabschiedeten Angelegenheiten immer noch das Damoklesschwert der Aufhebung mittels Bürgerbegehren/-entscheid schwebt. Dies ist die zwangsläufige Folge daraus, dass bei der Einführung von Bürgerbegehren und Bürgerentscheiden in Bayern der Volksgesetzgeber diesen Instrumentarien einen umfassenden und möglichst wenig eingeschränkten Anwendungsbereich zugestehen wollte.

---

[41] In Baden-Württemberg und Schleswig-Holstein beträgt die Frist vier Wochen, in Brandenburg, Hessen, Mecklenburg-Vorpommern, Nordrhein-Westfalen und Sachsen-Anhalt sechs Wochen, in Thüringen einen Monat, in Rheinland-Pfalz, Sachsen und im Saarland zwei Monate sowie in Niedersachsen drei Monate ab Beschlussfassung bzw. Bekanntgabe des Beschlusses.

2. Die Zulässigkeitsentscheidung

a) *Allgemeines*

Nach der Einreichung des Bürgerbegehrens bei der Gemeinde kommt es zu der Entscheidung über dessen Zulässigkeit. Dazu berufen ist nach fast allen Kommunalverfassungen das gemeindliche Kollegialorgan[42] bzw. der Verwaltungsausschuss.[43] Lediglich in Schleswig-Holstein entscheidet gem. § 16 g Abs. 5 S. 1 SchlH-GO die Kommunalaufsichtsbehörde darüber, ob das Begehren allen Anforderungen gerecht wird und somit zuzulassen ist. Auch ohne gesetzliche Grundlage muss hierbei dem jeweiligen Entscheidungsträger nicht nur ein formelles, sondern auch ein umfassendes materielles Prüfungsrecht zugestanden werden, weil er zum einen als Verwaltungsorgan an Recht und Gesetz gebunden ist, zum anderen weil sonst ein rechtswidriger Bürgerentscheid trotz aufwendigem Entscheidungsfindungsverfahren nicht vollzogen werden darf.[44]

In Mecklenburg-Vorpommern, Niedersachsen, Nordrhein-Westfalen und im Saarland muss diese Zulassungsentscheidung „unverzüglich" getroffen werden, in Bayern gem. Art. 18 a Abs. 8, S. 1 BayGO „unverzüglich, spätestens innerhalb eines Monats nach Einreichung des Bürgerbegehrens". Die anderen Kommunalverfassungen beinhalten diesbezüglich keine gesetzliche Regelung.

---

[42] Bayern, Baden-Württemberg, Brandenburg, Hessen, Mecklenburg-Vorpommern (hier muss gem. § 20 Abs. 6 S. 4 KVM-V die Entscheidung jedoch im Benehmen mit der Rechtsaufsichtsbehörde getroffen werden), Nordrhein-Westfalen, Rheinland-Pfalz, Saarland, Sachsen, Sachsen-Anhalt und Thüringen.

[43] Niedersachsen.

[44] So die ganz herrschende Meinung, vgl. zu einem Überblick der Rechtslage in Bayern Thum, Materielle Zulässigkeitsprüfung bei Bürgerbegehren, KommP BY 1997, S. 296 ff. Dieses zur bayerischen Rechtslage konstatierte Ergebnis kann ohne weiteres auch auf die anderen Bundesländer übertragen werden, vor allem wegen der umfassenden Wirkung des Art. 20 III GG (vgl. dazu auch Gebhardt (FN 9), S. 114 und S. 125; zum (auch materiellen) Prüfungs- und Beanstandungsrecht des Ersten Bürgermeisters vgl. Thum (FN 9), Kennziffer 13.08, Anm. 3 d.

Gegen die die Zulässigkeit verneinende Entscheidung des Gemeinderates können die Vertreter des Bürgerbegehrens ohne Vorverfahren vor dem Verwaltungsgericht Klage erheben (so für Bayern geregelt in Art. 18 a Abs. 8, S. 2 BayGO).[45] Statthafte Klageart – gerichtet auf Zulassung des Bürgerbegehrens – ist nach absolut herrschender Meinung in der Literatur und der Rechtsprechung des BayVGH hierbei die Verpflichtungsklage in Form der Versagungsgegenklage i.S.d. § 42 Abs. 1 Alt. 2 VwGO, da die ablehnende Entscheidung des Gemeinderats als Verwaltungsakt gem. Art. 35, S. 1 BayVwVfG qualifiziert werden muss.[46] Die Bürgerschaft kann nämlich nicht als kommunales Organ bewertet werden, sondern vielmehr als eine Zusammenfassung der Bürger zu einer natürlichen Person.[47] Außenwirkung ist mithin gegeben.

Der Hessische Verwaltungsgerichtshof hat zwar mittlerweile seine Rechtsprechung, es handele sich bei Klagen auf Zulassung eines Bürgerbegehrens um ein kommunalverfassungsrechtliches Organstreitverfahren, aufgegeben, jedoch kommt er als Konsequenz daraus zu der Annahme, dass statthafte Klageart die Feststellungsklage gem. § 43 VwGO und nicht die Verpflichtungsklage gem. § 42 Abs. 1 Alt. 2 VwGO sei.[48] Hierdurch wird den Vertretern des Bürgerbegehrens jedoch immer noch ein geringeres Maß an Rechtsschutz gewährt als durch die Annahme einer die Zulassung des Bürgerbegehrens direkt aussprechende Verpflichtungsklage.

b) Sperrwirkung und Sicherungsanspruch

Eine Besonderheit findet sich in den Gemeindeordnungen von Bayern, Sachsen und Sachsen-Anhalt. So enthält Art. 25 Abs. 3,

---

[45] Insgesamt zur Problematik des Rechtsschutzes im Zusammenhang mit Bürgerbegehren und Bürgerentscheiden siehe die dazu grundlegende Arbeit von Hüllen, Rechtsschutzprobleme beim Bürgerbegehren, insbes. S. 158 ff.

[46] BayVGH, BayVBl. 1998, S. 402 (403); Hölzl/Hien, BayGO, Art. 18 a, Anm. 8.

[47] Wehr, Rechtsprobleme des Bürgerbegehrens, BayVBl. 1996, S. 549 (553).

[48] Hess. VGH, DVBl. 2000, S. 928 = NVwZ-RR 2000, S. 451.

S. 4 SächsGemO die Regelung, dass ab Feststellung der Zulässigkeit keine dem Bürgerbegehren widersprechende Entscheidung seitens des Gemeinderats mehr getroffen werden darf. Bayern (Art. 18 a Abs. 9 BayGO) und Sachsen-Anhalt (§ 25 Abs. 5 GO LSA)[49] erweitern diesen Suspensiveffekt bzw. diese Sperrwirkung auch auf den Vollzug einer derartigen Entscheidung, lassen der gemeindlichen Handlungsfähigkeit jedoch insoweit mehr Raum, als eine Ausnahme dann möglich ist, wenn rechtliche Verpflichtungen der Gemeinde zur Durchführung der Maßnahme bestehen. Diese Normierungen dienen der Sicherung der Durchführung des Bürgerentscheids und verhindern durch ihre Wirkung von Gesetzes wegen, dass die Gefahr der Aushöhlung eines Bürgerbegehrens nur durch einstweiligen Rechtsschutz verhindert werden kann. Nachdem die früher in Bayern heftig umstrittene Sperrwirkung des Art. 18 a Abs. 8 a.F. u.a. wegen Zeitpunktes ihres Eintrittes – bereits nach Abgabe von 1/3 der erforderlichen Unterschriften – vom Bayerischen Verfassungsgerichtshof[50] für nichtig erklärt worden war, hat der Landesgesetzgeber nun in der Novellierung vom 26. März 1999 diesen Bedenken Rechnung getragen und den Zeitpunkt auf die Zulässigkeitsfeststellung seitens des Gemeinderates verlagert.

Problematisch bleibt dennoch die Frage, was zwischen Einreichung des Bürgerbegehrens und Zulässigkeitsfeststellung seitens der Initiatoren getan werden kann, um das Bürgerbegehren vor gegenläufigen Entscheidungen zu schützen. Hier hat der Bayerische Verwaltungsgerichtshof[51] einen grundsätzlichen Sicherungsanspruch **zulässiger** Bürgerbegehren im Wege des einstweiligen Rechtsschutzes gem. § 123 VwGO zugebilligt. Dabei muss

---

[49] Man beachte die Formulierung „sollte [...] nicht mehr getroffen [...] werden". Dies muss wohl im Sinne einer Pflicht verstanden werden, da sonst der Eintritt der Sperrwirkung ins Ermessen der Behörde gestellt würde, was den Zweck dieser Regelung schlichtweg konterkarieren würde.

[50] BayVerfGH, BayVBl. 1997, S. 622 (626).

[51] BayVGH, BayVBl. 1998, S. 24 f.; BayVGH, BayVBl. 1998, S. 85 f.

allerdings im Wege der Einzelfallabwägung zwischen den aus Art. 7 Abs. 2, 12 Abs. 3 BV resultierenden Belangen zur Absicherung eines zulässigen Bürgerbegehrens und den Belangen zum Schutz des kommunalen Selbstverwaltungsrechts ein Ausgleich gefunden werden.[52] Auch könne dieses Sicherungsrecht sich nicht auf jede dem Bürgerbegehren entgegenstehende Entscheidung, sondern nur auf solche erstreckt werden, die die Ziele des Bürgerbegehrens dergestalt unterlaufen, dass irreparable Verhältnisse eintreten.[53] Der Bayerische Verfassungsgerichtshof hat in seiner Entscheidung vom 15. Juli 1999 die Rechtsmäßigkeit dieser Rechtsprechung bestätigt und vor allem darauf hingewiesen, dass die grundsätzlich eintretende, für nichtig erklärte Sperrwirkung des Art. 18 a Abs. 8 BayGO a.F. und eine Sicherungsanordnung gem. § 123 VwGO nach Abwägung im Einzelfall einen unterschiedlichen Regelungsgehalt besitzen.[54] Im völligen Gegensatz zur Rechtslage in Bayern, Sachsen und Sachsen-Anhalt enthält z.B. § 22 b Abs. 9 NGO ausdrücklich den Verzicht auf eine Sperrwirkung: „Das Bürgerbegehren hindert die Gemeinde nicht daran, über die vom Bürgerbegehren betroffene Angelegenheit selbst zu entscheiden. Die Gemeinde kann getroffene Entscheidungen vollziehen, die den Gegenstand des Bürgerbegehrens betreffen."

---

[52] BayVGH, BayVBl. 1998, S. 24 f.; BayVGH, BayVBl. 1998, S. 85 f.
[53] BayVGH, VwRR BY 1998, S. 243 f.
[54] BayVerfGH, BayVBl. 1999, S. 624 ff.

VII. Die Durchführung des Bürgerentscheids auf der Ebene der Gemeinden in den Flächenländern

1. Entfallen durch Entsprechensentscheidung des Gemeinderates

Nachdem die Zulässigkeit des Bürgerbegehrens festgestellt worden ist, kann der Gemeinderat die seitens der Unterzeichner begehrte Entscheidung treffen mit der Folge, dass dann die Durchführung eines Bürgerentscheides entfällt. Denn dieser wäre dann nur noch bloße „Förmelei" und würde zu unnötigen Verfahrensaufwand führen. Eine entsprechend Regelung ist in allen Kommunalverfassungen enthalten.

2. Die Abstimmung als solche

Wurde dem Bürgerbegehren durch den Gemeinderat nicht entsprochen, so ist dieser verpflichtet, das Begehren einem Bürgerentscheid zuzuführen, mithin die Abstimmung über die begehrte Sachfrage zu ermöglichen.

In einigen Ländern steht es nicht im Ermessen des Gemeinderates, wann er es zum Plebiszit als solchem kommen lassen will, sondern er muss dies innerhalb einer gesetzlich vorgesehenen Frist tun, die in Bayern, Niedersachsen, Nordrhein-Westfalen, Sachsen, Sachsen-Anhalt und im Saarland längstens drei Monate beträgt.[55]

Bezüglich des für die Abstimmung einzuhaltenden Verfahrens finden sich in den Kommunalverfassungen keine Regelungen. Ausnahme ist Art. 18 a Abs. 10, S. 4 BayGO, der das Recht auch auf briefliche Abstimmung gesetzlich festschreibt. Statt dessen haben mit Ausnahme von Bayern, Sachsen, Schleswig-Holstein

---

[55] In Rheinland-Pfalz (§ 67 KWG) und Schleswig-Holstein (§ 9 Abs. 1 DVO-GO) findet sich auch eine ähnliche Regelung, allerdings ohne genaue Frist, sondern mit der Maßgabe „unverzüglich".

und Thüringen alle Länder entweder auf die Kommunalwahlgesetze[56] Bezug genommen und/oder eine Verordnungsermächtigung in den Kommunalverfassungen[57] vorgesehen.

§ 17 Abs. 6 ThürKO enthält eine Verpflichtung, die näheren Regelungen zu Bürgerbegehren und Bürgerentscheid in der Hauptsatzung der jeweiligen Gemeinde zu regeln, Art. 18 a Abs. 17, S. 1 BayGO eröffnet den Gemeinden die ausdrückliche Möglichkeit, die Verfahrensausgestaltung durch Satzung verbindlich festzusetzen.

Wird ein Bürgerentscheid durchgeführt, so normieren Baden-Württemberg (§ 21 Abs. 5 BWGO), Hessen (§ 8 b Abs. 5 HGO), Rheinland-Pfalz (§ 17 a Abs. 6 GO) und Schleswig-Holstein (§ 16 g Abs. 6 SchlH-GO) die Pflicht des Gemeinderates, die innerhalb der Gemeindeorgane vertretene Auffassung zu dem zur Abstimmung stehenden Gegenstand den Bürgern darzulegen.

Zwar enthält Art. 18 a Abs. 15 BayGO auch eine ähnlich gelagerte Regelung, allerdings geht es hier nur darum, gemeindliche und bürgerbegehrte Auffassung zum Abstimmungsgegenstand in gleichem Umfang darzustellen. Diese Regelung begründet aber keine Pflicht zur Darlegung des eigenen Standpunktes der Gemeinde, sondern kommt nur dann in Form eines Sachlichkeitsgebotes[58] zum Tragen, wenn die Gemeinde sich überhaupt öffentlich zu dem Topos äußert.

3. Das Abstimmungsergebnis

Das Bürgerbegehren ist im Bürgerentscheid nach allen Kommunalverfassungen dann erfolgreich, wenn es mehr Ja-Stimmen als Nein-

---

[56] Baden-Württemberg, Brandenburg, Hessen, Rheinland-Pfalz, Saarland, Sachsen-Anhalt.

[57] Brandenburg, Mecklenburg-Vorpommern, Niedersachsen und Nordrhein-Westfalen.

[58] Dazu Thum, Amtliche Informationen vor einem Bürgerentscheid, KommP BY 1997, S. 169 ff; Thum, Gemeindliche Veröffentlichungen im Vorfeld eines Bürgerentscheides, KommP BY 2000, S. 4 ff.

Stimmen auf sich vereinigt, da bei Stimmengleichheit die Frage als mit Nein beantwortet gilt.[59]

Allerdings ist nach der Neuregelung des Art. 18 a BayGO nun allen kommunalrechtlichen Regelungen zu Bürgerbegehren und Bürgerentscheiden gemein, dass nicht die einfache Mehrheit der abgegebenen gültigen Stimmen allein ausreicht. Vielmehr enthalten die diesbezüglichen Regelungen ein bestimmtes Quorum, d.h., dass der Bürgerentscheid erst dann erfolgreich ist, wenn die Mehrheit der abgegebenen gültigen Stimmen eine bestimmte Prozentzahl der **Abstimmungsberechtigten** erreicht hat. In Baden-Württemberg, Rheinland-Pfalz und im Saarland beträgt dieses Quorum 30 %, in Brandenburg, Hessen, Mecklenburg-Vorpommern, Niedersachsen, Sachsen, Sachsen-Anhalt, Schleswig-Holstein und Thüringen 25 % der Abstimmungsberechtigten.

In Brandenburg, Niedersachsen, Sachsen-Anhalt und Thüringen ist dieses Quorum als sog. **Zustimmungsquorum** ausgestaltet, was bedeutet, dass die Mehrheit der abgegebenen gültigen Stimmen dann eine erfolgreiche Mehrheit darstellt, wenn mindestens die erforderliche Prozentzahl (jeweils 25 %) dem Begehren **zugestimmt** hat. Bezugspunkt sind bei diesem Modell somit die gültigen Ja-Stimmen.

In den übrigen Ländern handelt es sich um ein sog. **Abstimmungsquorum**, weil danach eine im Bürgerentscheid gestellte Frage in dem Sinne entschieden ist, in dem sie von der Mehrheit der abgegebenen gültigen Stimmen beantwortet worden ist, sofern diese Mehrheit das erforderliche Quorum erreicht hat. Eine

---

[59] Eine Ausnahme bildet insofern Sachsen, da § 24 SächsGemO keine Regelung über die Entscheidung bei Stimmengleichheit enthält. Aber auch hier darf davon ausgegangen werden, dass nach allgemeinen Grundsätzen bzw. über eine Anwendung der Vorschriften über die Beschlussfassung des Gemeinderats nur eine ausdrückliche Bejahung der Fragestellung diese zum Erfolg führt, mithin also auch in Sachsen ein Bürgerbegehren nur dann im Sinne der Initiatoren erfolgreich ist, wenn es im Bürgerentscheid mehr Ja- als Nein-Stimmen erhält.

Entscheidungswirkung kann daher auch durch eine das Quorum überspringende Anzahl von Nein-Stimmen erzeugt werden.[60]

Nachdem Bayern in der Zeit bis zur Novellierung des Art. 18 a BayGO bis dahin kein Quorum beim Bürgerentscheid kannte, ist zwar nun ein solches in Form eines Abstimmungsquorums vorhanden, allerdings geht Bayern wiederum einen Sonderweg. Zum einen normiert es das mit 20 % (neuerdings auch neben Nordrhein-Westfalen) niedrigste Quorum, zum anderen ist auch dieses, wie schon das Zulassungsquorum bezüglich des Bürgerbegehrens, degressiv gestaffelt mit zunehmender Gemeindegröße. In Gemeinden zwischen 50.001 und 100.000 Einwohnern beträgt es nur noch 15 % und in allen Gemeinden mit über 100.000 Einwohnern lediglich 10 % der Abstimmungsberechtigten.

Wurde beim Bürgerentscheid Stimmengleichheit zwischen Ja- und Nein-Stimmen erreicht, so gilt gem. Art. 18 a Abs. 12, S. 2 BayGO die Frage als mit Nein beantwortet. Erreichten bei gleichzeitigen und gegenläufigen Bürgerbegehren beide im Bürgerentscheid eine quorenmäßige Mehrheit, so kommt es gem. Art. 18 a Abs. 12, S. 3-5 zu einem obligatorischen Stichentscheid. Dieser stellt einen zusätzlichen Bürgerentscheid dar,[61] der zeitgleich mit den beiden anderen zur Abstimmung gestellt wird und für den die einfache Mehrheit der abgegebenen gültigen Stimmen ausreicht. In den Kommunalverfassungen der anderen Flächenländer findet sich keine solche Regelung.

VIII. Die Wirkungen eines erfolgreichen Bürgerentscheids auf der Ebene der Gemeinden in den Flächenländern

1. Wirkung eines Gemeinderatsbeschlusses

Wenn ein Bürgerentscheid erfolgreich war, also die zur Abstimmung gestellte Frage eine das Quorum überwindende Mehrheit

---

[60] Thum (FN 9), Kennziffer 13.12, Art. 18 a Abs. 12, Anm. 3 b.

[61] Thum (FN 9), Kennziffer 13.12, Art. 18 a Abs. 12, Anm. 6.

erreicht hat, wird dieser der Gemeinde so zugerechnet, als hätte das Kollegialorgan selbst diese Entscheidung als Beschluss gefasst (zum erhöhten Bestandsschutz vgl. folgend 3.).

Diesen Sachverhalt normieren die Kommunalverfassungen der Länder, indem sie ausdrücklich feststellen, dass der Bürgerentscheid die Wirkung eines (endgültigen) Gemeinderatsbeschlusses hat. Lediglich Mecklenburg-Vorpommern verzichtet auf eine solche Regelung; jedoch muss man auch hier zu dem gleichen Ergebnis kommen, weil sich dies bereits aus Sinn und Zweck eines Bürgerentscheids ergibt. Daher bezeichnet bereits § 20 Abs. 1 S. 1 KVM-V einen Bürgerentscheid auch als Ersetzung eines Gemeinderatsbeschlusses.

Dadurch begründet der Bürgerentscheid auch wie bei einem „normalen" Gemeinderatsbeschluss eine Vollzugspflicht des Ersten Bürgermeisters.[62] Kommt er dieser nicht oder fehlerhaft nach, können die vertretungsberechtigten Personen des Bürgerbegehrens dies jedoch nicht im Klagewege erzwingen, da deren Vertreterstellung nur bis zur Durchführung des Bürgerentscheid reicht.[63] Die Befugnisse der Aufsichtsbehörden bleiben davon jedoch unberührt.

2. Wiederholungssperre für Bürgerbegehren

Gleichzeitig bewirkt der Bürgerentscheid, dass – außer in Bayern und Brandenburg – Bürgerbegehren in derselben oder einer ähnlich gelagerten Angelegenheit nicht statthaft sind. Diese Wiederholungssperren betragen in Sachsen-Anhalt ein Jahr, in Mecklenburg-Vorpommern, Niedersachsen, Nordrhein-Westfalen, Schles-

---

[62] Für die Rechtslage in Bayern: Prandl/Zimmermann/Büchner, Kommunalrecht in Bayern, Kommentar, Loseblatt, Kronach u.a., Stand: September 1999, Art. 18 a BayGO, Anm. 33.

[63] VG Augsburg, Urteil vom 28.07.1997, Gemeindekasse 1998, S. 38.

wig-Holstein, Thüringen[64] und im Saarland zwei sowie in Baden-Württemberg, Hessen, Rheinland-Pfalz und Sachsen drei Jahre.

Zweck solcher Wiederholungs- oder Initiativsperren ist die Verhinderung einer Zermürbungstaktik der Initiatoren von Bürgerbegehren, die nicht durch das ständige Wiederholen des Bürgerbegehrens letztlich doch zum Erfolg kommen sollen, indem jederzeit das Ergebnis des Entscheides wieder umgestoßen werden kann.[65] In Bayern und Brandenburg hingegen ist die Wiederholung eines Bürgerbegehrens in derselben Angelegenheit jederzeit und in beliebiger Anzahl möglich. Grenze kann und muss in diesen Ländern der Rechtsmissbrauch sein.[66]

3. Bindungswirkung des Bürgerentscheides

Einen Unterschied zu einem durch das gemeindliche Kollegialorgan gefassten Gemeinderatsbeschluss stellt jedoch die Bindungswirkung eines erfolgreichen Bürgerentscheides dar. Denn während ein originärer Gemeinderatsbeschluss seitens des Rates jederzeit abänderbar ist, genießt der erfolgreiche Bürgerentscheid einen erhöhten Bestandsschutz. Um der Tatsache Rechnung zu tragen, dass das Ergebnis des Bürgerentscheides meist in dem aufwändigen Verfahren eines Bürgerbegehrens gewonnen worden ist, normieren alle Kommunalverfassungen eine gesetzliche Bindungswirkung zugunsten des Bürgerentscheides. Das heißt, der Bürgerentscheid kann innerhalb einer bestimmten Zeitspanne nicht durch einen Gemeinderatsbeschluss abgeändert oder aufgehoben werden. In Bayern und Sachsen-Anhalt beträgt diese Zeitspanne ein Jahr, in Brandenburg, Mecklenburg-Vorpommern, Niedersachsen, Nordrhein-Westfalen, Schleswig-Holstein, Thü-

---

[64] Dort enthält § 17 Abs. 1, S. 2 ThürKO jedoch eine Flexibilisierung dergestalt, dass bei wesentlicher Änderung der dem Bürgerentscheid zugrundeliegenden Sach- oder Rechtslage ein Bürgerbegehren in der gleichen Angelegenheit nicht an der Wiederholungssperre scheitert.

[65] Ossenbühl (FN 38), S. 251.

[66] Lissack, Bayerisches Kommunalrecht, München 1997, S. 137.

ringen und im Saarland zwei Jahre. Extrem lange mit drei Jahren ist die Dauer der Bindungswirkung in Baden-Württemberg, Hessen, Rheinland-Pfalz und Sachsen.

Der clausula rebus sic stantibus entsprechend haben wenigstens Bayern (seit der Neuregelung als Reaktion auf die Beanstandungen des BayVerfGH im Urteil vom 29. August 1997[67] und Thüringen eine Flexibilisierungsklausel aufgenommen, so dass der Gemeinderat vor Fristablauf durch Beschluss dann den Bürgerentscheid ändern kann, wenn sich die zugrundeliegende Sach- oder Rechtslage **wesentlich** geändert hat. Dies muss aber unausgesprochen auch in den anderen Ländern aufgrund der clausula rebus sic stantibus gelten.

In Hessen und Rheinland-Pfalz gibt es überhaupt keine Möglichkeit, das Ergebnis des Bürgerentscheides vor dem Fristende zu beeinflussen. Die übrigen Länder lassen wenigstens eine Lockerung dahingehend zu, dass der Bürgerentscheid durch einen erneuten Bürgerentscheid in derselben Angelegenheit modifiziert oder ersetzt wird. Denn bei dieser Konstellation liegt die Entscheidungsgewalt wieder in den Händen der Bürger, und diese können selbst bestimmen, ob sie an ihrem alten Bürgerentscheid noch festhalten wollen oder nicht.

In Bayern, Brandenburg und Thüringen[68] kann für diesen Bürgerentscheid die Initiative von Seiten der Bürger in Form eines Bürgerbegehrens ausgehen, in Bayern und Brandenburg daneben aber auch vom Rat initiiert sein. In den Kommunalverfassungen von Baden-Württemberg, Mecklenburg-Vorpommern, Niedersachsen, Nordrhein-Westfalen, Saarland, Schleswig-Holstein, Sachsen und Sachsen-Anhalt kann ein solcher Bürgerentscheid ausschließlich auf Antrag bzw. Initiative des Rates ergehen.

---

[67] BayVerfGH, BayVBl. 1997, S. 622 ff.; bestätigt hat der BayVerfGH seine Rechtsprechung durch die Entscheidung vom 13.04.2000, BayVBl. 2000, S. 460.

[68] In Thüringen besteht diese Möglichkeit aber nur dann, wenn in dieser Angelegenheit ein Bürgerbegehren in einem Bürgerentscheid abgelehnt worden ist, weil dann gem. § 17 Abs. 1, S. 2 ThürKO die Wiederholungssperre für ein gleichgelagertes Bürgerbegehren nicht greift.

IX. Der ratsinitiierte Bürgerentscheid auf der Ebene der Gemeinden in den Flächenländern

Wie bereits angeklungen geben die Kommunalverfassungen z.T. auch dem Gemeinderat die Möglichkeit an die Hand, selbst durch Beschluss die Abstimmung über eine Sachfrage in einem Bürgerentscheid herbeizuführen und ermöglichen so eine Rückgabe der Entscheidungsbefugnis an den Souverän.[69] Nach der Konzeption des § 21 BWGO soll dies in Baden-Württemberg sogar den Regelfall darstellen.[70] Außer dort kann das Kollegialorgan aber auch in Bayern,[71] Mecklenburg-Vorpommern, Sachsen, Sachsen-Anhalt und Schleswig-Holstein einen solchen ratsinitiierten Bürgerentscheid zur Abstimmung bringen, und zwar unabhängig von jedweden Bestrebungen der Gemeindebürger. In Niedersachsen, Nordrhein-Westfalen und im Saarland gibt es auch die Möglichkeit seitens des Rates einen Bürgerentscheid zu veranlassen. Jedoch ist dies hier nur dann möglich, wenn dadurch ein bürgerbegehrter Bürgerentscheid vor Ablauf der Bindungswirkung geändert werden soll.[72]

---

[69] Knemeyer (FN 15), S. 109.

[70] Knemeyer (FN 15), S. 129.

[71] Besonderer Bedeutung kommt in Fällen eines gegenläufigen Bürgerbegehrens im Falle eines Bürgerentscheids bei gleichzeitiger Abstimmung der Stichfragenregelung des Art. 18 a Abs. 12, Sätze 3-5 BayGO zu.

[72] Ritgen (FN 7), S. 250 f., legt die Regelung des 26 Abs. 8, S. 2 „auf Initiative des Rates" zutreffend dahingehend aus, dass wegen dieser Regelung der Rat die Durchführung eines Bürgerentscheides beschließen darf. Ebenso müssen daher auch die gleichartigen Regelungen im § 21 a Abs. 7, S. 2 SaarlKSVG („auf Initiative des Rates") und 22 b Abs. 11, S. 2 NGO („auf Antrag des Rates") verstanden werden.

X. Bürgerbegehren und Bürgerentscheide auf der Ebene der Landkreise

Nicht nur auf der Ebene der Gemeinden, sondern auch im Bereich der Landkreise hat die überwiegende Zahl der Flächenländer Regelungen bezüglich unmittelbar demokratischer Direktentscheidungsrechte der Landkreisbürger im Hinblick auf Sachfragen normiert. Denn nicht nur im gemeindlichen Bereich, auch in den Landkreisen werden kommunalspezifische Entscheidungen getroffen, die sich in besonderer Weise unmittelbar auf die Belange der Bürger auswirken.

Daher finden sich Normierungen über Bürgerbegehren und Bürgerentscheide auf Landkreisebene in den Kommunalgesetzen von Bayern, Brandenburg, Mecklenburg-Vorpommern, Niedersachsen, Nordrhein-Westfalen, Rheinland-Pfalz, Saarland, Sachsen, Sachsen-Anhalt und Schleswig-Holstein,[73] die im Wesentlichen an die Regelungen auf Gemeindeebene angelehnt sind.

---

[73] Art. 12 a BayGO, § 18 BranKrO, § 102 Abs. 2 KVM-V; § 17 b NLO, § 23 KrONW, § 11 d RhPf-LKO, § 153 a i.V.m., § 21 a SaarlKSVG, §§ 21, 22 SächsKrO, §§ 18, 19 KrOLSA, § 16 f SchlH-KrO.

Teil 3:
Bürgerbegehren und Bürgerentscheid in einer neuen Bürgerverfassung

FRANZ-LUDWIG KNEMEYER

XI. Effizienz und Demokratieermöglichung

In der bisherigen Diskussion wurde die verstärkte Einbindung des Bürgers in die kommunale Selbstverwaltung regelmäßig unter dem Aspekt einer Änderung (Störung) des erprobten Systems gesehen, in dem Rat und Verwaltung die Gemeindeaufgaben im Interesse der Bürger in wechselseitiger Ergänzung erfüllen. Die Organkompetenzen waren klar und im Wesentlichen abschließend verteilt. Dem entsprach auch die Wertung des Bürgerentscheides als Ersatz-Rats-Entscheid mit dem die Bürger ausnahmsweise einzelne Ratsaufgaben übernehmen und entscheiden. Damit drängte sich aber auch die Konsequenz für die Höhe des Zustimmungsquorums von 25 % respektive 30 % auf.[1] Anderen Entscheidungen wurde der Demokratiewert mit Hinweisen auf eine Minikratie etc. abgesprochen.

Diese Argumentation war einseitig. Sie ließ die tatsächlichen Möglichkeiten dieses Rechts auf Bürgerentscheidungen unberücksichtigt. Der Demokratieschub zu einer neuen Bürgerkultur muss auch Bürgerbegehren und Bürgerentscheide neu einordnen. Wurde bisher die tatsächliche Fähigkeit eigenverantwortlicher funktionierender Aufgabenwahrnehmung nur auf Rat und Verwaltung bezogen und bürgerschaftliche Mitwirkung auf die *Funktionsfähigkeit* der Arbeit der verfassungsmäßigen Organe begrenzt gese-

---

[1] So etwa Knemeyer, Wird mehr Demokratie weniger? in: Akademie für Politische Bildung, Tutzing, Bürgerbegehren und Bürgerentscheid, München 1998, S. 25 ff., S. 35.

hen,[2] so war auch diese Sicht einseitig. Den auch weiterhin gleichermaßen geltenden Effizienzgesichtspunkten seien einige weitere „Demokratiegesichtspunkte" zur Seite gestellt.

In einer Kommunalverfassung, die dem Bürger gibt was des Bürgers ist, muss dieser seine Rechte auch funktionswirksam wahrnehmen können. Das ist jedoch dann nicht gegeben, wenn infolge übergroßer Gemeinden und Komplexität der Entscheidungen (trotz entsprechender Bemühungen) die ansonsten angebrachten Quoren kaum zu erreichen sind. Statistische Erhebungen und Vergleiche der Wahrnehmung der Instrumente Bürgerbegehren und Bürgerentscheid zeigen eine wesentliche Abhängigkeit von der Größenordnung der Gemeinwesen (so bspw. Untersuchungen in den süddeutschen Ländern Baden-Württemberg und Bayern).

Eine Analyse bisheriger Verfahren in Bayern hat gezeigt, dass ein mindestens 25%iges Quorum „das unter demokratischen Aspekten zu befürwortende Instrument des Bürgerentscheides jedenfalls in größeren Städten weitgehend leer laufen"[3] lässt.

Unter diesem Aspekt gewinnen auch andere Kriterien für die Lösung des Spannungsverhältnisses zwischen repräsentativer und plebiszitäre Demokratie vor Ort an Bedeutung. Grundsätzlich wei-

---

[2] Knemeyer, Direkte Demokratie und kommunale Selbstverwaltung, DVBl. 1998, S. 113 ff. sowie Blanke/Hufschlag, Kommunale Selbstverantwortung im Spannungsverhältnis zwischen Partizipation und Effizienz, JZ 1998, S. 653 ff. und Knemeyer, Gemischte Demokratie – ein Wesensmerkmal kommunaler Selbstverwaltung, in: Isensee/Lecheler, Freiheit und Eigentum, FS für Walter Leisner, Berlin 1999, S. 911 ff., S. 920.

[3] Dazu Pröckl, Die unmittelbare Beteiligung der Bürger an der Gemeindeverwaltung nach bayerischem Kommunalrecht, Diss. jur. Bayreuth 1999, S. 69, 219; s.a. die Auswertung der Modellberechnungen von Haubelt und Raithel, Neue statistische Erkenntnisse zu Bürgerbegehren und Bürgerentscheiden in Bayern, KommunalPraxis 1998, S. 22ff. Siehe auch Groh/Haubelt/Raithel, Der Bürgerentscheid in Bayern, Bürgerbegehren und Bürgerentscheid – Unmittelbare Demokratie auf kommunaler Ebene, CD-Rom, Kronach u.A. 1999, S. 127. Zum Mehrheitsproblem allgemein Horn, Mehrheit im Plebiszit, Der Staat, 1999, S. 399 ff. Gebhardt, Direkte Demokratie im parlamentarischen System, Würzburg 2000 sowie vorne Teil 2.

terhin ausgehend von einem 25%igen bzw. 30%igen Abstimmungs- oder Zustimmungsquorum[4] muss unter dem Aspekt faktischer Demokratieermöglichung in größeren Städten auch ein Zustimmungsquorum akzeptiert werden, dem eine „gewisse Repräsentativität" zukommt. Auch eine solche kann, wie der Bayerische Verfassungsgerichtshof in seiner grundlegenden Entscheidung aus dem Jahre 1997[5] ausdrücklich betont, demokratievereinbar sein. Diese Erkenntnis hat dann zu einem *Lösungsansatz mit differenzierten Bürgerentscheidungsquoren* geführt.

XII. Größenabhängige Staffelung der Bürgerentscheidquoren und angepasste Bindungswirkung

Mit diesen Aussagen zur Höhe des Quorums, die *„eine gewisse Repräsentativität"* unter besonderen Voraussetzungen ausreichend sein lässt, setzt der Verfassungsgerichtshof sich von Bürgerentscheidsregelungen in allen anderen Ländern[6] und den ihnen zugrunde liegenden Begründungen ab und deutet einen eigenen Weg an. Diese bis dahin unvorstellbare Legitimationsthese[7] stellt dem *Alles oder Nichts-Modell*[8] ein *differenziertes Modell* entgegen, das den *Weg in die Bürgergesellschaft* vorzeichnet, welche der Rolle des Bürgers in der kommunalen Selbstverwaltung Rech-

---

[4] Siehe dazu vorne Teil 2.

[5] BayVBl 1997, S. 622 ff. S. 627.

[6] Siehe vorne Teil 2.

[7] Zur Legitimation siehe insbesondere Engelken, Demokratische Legitimation bei Plebisziten auf staatlicher und kommunaler Ebene, DÖV 2000, S. 881 ff. sowie Gebhardt, Direkte Demokratie, Würzburg 2000, S. 153 ff., der im Mehrheitsprinzip die verfassungsrechtliche Forderung nach einem 25 % Quorum beim Bürgerentscheid erkennt.

[8] Dazu und zu den anderen Modellen Knemeyer, Gemischte Demokratie, S. 921 ff. Zur Frage: Wieviel Bürgerbeteiligung s.a. Hans-Georg Wehling, Wieviel Bürgerbeteiligung im Parteienstaat?, in: Kielmansegg u.a. Wieviel Bürgerbeteiligung im Parteienstaat?, KAS, Zukunftsforum Politik, Heft 2, 1999, S. 22 ff.

nung trägt und diesen neben dem Eigenengagement auch die Einflussnahme durch Entscheidungsersetzung erleichtert.[9] Mit der *Abstufung der Quoren beim Bürgerentscheid* ist im Prinzip der Tatsache Rechnung getragen, dass mit zunehmender Einwohnerzahl einer Gemeinde (in der Regel) die Bürger vergleichsweise schwerer mobilisiert werden können.[10] Hinzu kommt, dass die Bürger in größeren Gemeinden seltener in ihrer Gesamtheit betroffen sind und unter diesem Gesichtspunkt prozentual weniger Bürger eine Abstimmungsmöglichkeit auch wahrnehmen.[11] Eine dementsprechende differenzierte Staffelung der Quoren – die im übrigen auch für die Eintragungsquoren zu gelten hat – ist geeignet, örtliche Demokratie in einem entscheidenden Bereich zu stärken, da die Instrumente auch in größeren Städten effektiver genutzt werden können als in anderen Ländern.

Dieser Weg ermöglicht mehr Mitsprache, nicht aber die Entscheidung der Wenigen. Die Verringerung des Quorums wird aber „eine gewisse *Erziehungsfunktion*" für den Bürger – nämlich sich selbst mehr zu beteiligen – kaum erreichen. Auch die negative Abstimmungsfreiheit gilt es zu respektieren. Vielleicht ist aber der *Anreiz* aktiv zu werden größer, wenn zum Entscheid eingeladene Bürger von vornherein eine größere Aussicht auf Berücksichtigung ihrer Stimme erkennen.[12] Einer Reduzierung von Entscheidungsquoren muss allerdings einer Reduzierung der Bindungsdauer entsprechen.[13]

---

[9] Zum notwendigen Eigenengagement näher Knemeyer, Kommunale Selbstverwaltung neu denken. DVBl. 2000, S. 876 ff.

[10] Statistische Angaben zeigen, dass mit der Größe der Gemeinden die Abstimmungsbeteiligung abnimmt. Siehe dazu schon in den Angaben der FN 4.

[11] Zu den weiteren Begründungen siehe LT-Drucks. 14/133; dazu auch VerfGH, BayVBl. 1997, S. 622 ff.

[12] Siehe dazu Knemeyer, Gemischte Demokratie – ein Wesensmerkmal kommunaler Selbstverwaltung, in: Festschrift für Walter Leisner, Berlin 1999, S. 911, S. 924 f. m. w. N. Zur politik- und sozialwissenschaftlichen Wertung, insbes. auch unter dem Aspekt der aktiven Teilnahme nur kleinerer Gruppen, siehe etwa Gabriel, Das Volk als Gesetzgeber, ZG 1999, S. 299 ff. m. vielfält. Nachw.

[13] Siehe dazu vorne Teil 1 am Ende.

Im *Ergebnis* kann das durch eine gewisse Repräsentativität verantwortete und legitimierte Plebiszit – neben anderen nicht gering zu schätzenden rechtlich garantierten Beteiligungs- und Einwirkungsformen – die notwendige Ergänzung für eine neue Bürgerkultur sein, die dem Bürger gibt, was des Bürgers ist und Rat und Verwaltung belässt, was der Bürger nicht kann oder will und was unter dem Aspekt einer ganzheitlichen, effektiven Kommunalpolitik von den gewählten Repräsentanten verantwortet werden muss.[14]

XIII. Auswirkungen stärkeren Bürgerengagements auf das grundsätzlich repräsentativ angelegte System – ein neues (altes) Rollenverständnis in einer gemischten örtlichen Demokratie

Der aktive Kommunalpolitiker braucht ob eines derartigen Systems um seine Position nicht zu fürchten. Zu einer Erosion kommunaler Entscheidungsmacht wird eine harmonisch weiterentwickelte gemischte örtliche Demokratie nicht führen.[15] Er muss sich allerdings seinerseits auf die neue Situation einstellen und zu einem neuen Rollenverständnis – richtig verstandenen dem alten – (zurück-)finden.

Der Ehrgeiz der Räte, alles selbst zu entscheiden, sollte ein wenig zurückgeschnitten werden. Sie sollten sich von ein paar lieb gewordenen Usancen verabschieden, d.h. nicht die Aufgaben der Verwaltung übernehmen. Sie sollten nur das „Was" entscheiden, nicht aber auf das „Wie" im Einzelnen Einfluss nehmen. Sie sollten strategische Vorgaben machen und Ziele definieren, nicht

---

[14] Zur Gesamtbewertung siehe weiter Knemeyer, Gemischte Demokratie (FN 77) S. 925.

[15] Auf die Politikfolgen allein der Existenz von *bürgerkulturadäquaten* Begehren sei nur hingewiesen. Allein die Möglichkeit bestimmt nicht selten das Ratsverhalten. Andererseits haben durchgeführte Bürgerentscheide auch Befriedungsfunktion.

aber sich mit Kleinigkeiten befassen und dies vielleicht damit rechtfertigen, dass sie vom Bürger zur Kontrolle von Einzelfällen gedrängt werden.

Es wird im Wesentlichen an den kommunalen Mandatsträgern selbst liegen, ob und wie sie die ihnen zustehenden Kompetenzen eigenverantwortlich nutzen. Gute Ratsarbeit ist dadurch gekennzeichnet, dass das kollegiale Organ sich so viele Einzelentscheidungen wie eben möglich „vom Leibe hält", um Leitentscheidungen ausgiebig erörtern und fundiert treffen zu können. Besinnung auf das Wesentliche, Verzicht auf weniger Wichtiges zugunsten der wichtigen Angelegenheiten und Behandlung derselben entsprechend ihrer Gewichtung. Rückbesinnung auf das „Ob" und „bis Wann" und das „Wie" und „mit Wem" dem Bürgermeister überlassen – das ist die beste Grundlage für eine ratsentsprechende Aufgabenwahrnehmung. Die Räte müssen sich mit dem Leitbild der Kommune einschließlich der finanziellen Strategien befassen, die Ziele vorgeben, aber auch deren Verwirklichung kontrollieren, die Ausformulierung und die Ausführung selbst jedoch der Verwaltung überlassen, ohne die Beschlüsse bis an den Schreibtisch zu reglementieren und zu kontrollieren. Auf diese Weise wird auch der immer wieder beklagten zeitlichen Überbeanspruchung Rechnung getragen. Ein derartiges Aufgabenverständnis ist schließlich auch Voraussetzung für alle Ansätze zu neuen Steuerungsmodellen – neue Steuerung nicht ohne neues gesamtkonzeptionelles Denken für eine demokratisch legitimierte Selbstverwaltung der Bürgerkommune.

Dem Gemeinderat obliegt es, die zentralen Fragen gemeindlicher Politik zu entscheiden und dabei auf eine gesamtkonzeptionelle, bürger- und gemeinwohlorientierte Kommunalpolitik zu achten. Ihm kommt es aber auch zu, die Erfüllung der dritten kommunalen Aufgabe zu überwachen und gerade in diesem Bereich Anstöße zu geben. Nur wenn einer Neuordnung der kommunalen Aufgabenfelder und der Neuverteilung zwischen Rat und Verwaltung eine Öffnung zu breiten komplementären Feldern für

Einzelne oder Gruppen folgt, ferner die Kommunen den Bürgern Mitwirkungsmöglichkeiten nicht in Bereichen verwehren, die sie selbst wahrnehmen können, so vermag kommunale Selbstverwaltung insgesamt davon zu profitieren.

Wird in das richtig austarierte und gehandhabte effiziente Zusammenspiel von Rat und Verwaltung die (neue) dritte Komponente – der Bürger mit all seinen Möglichkeiten – dem Subsidiaritätsprinzip entsprechend hineingenommen, so ist das beste Basis für eine neue Bürgerkommune und eine neues Verständnis kommunaler Selbstverwaltung.[16] Die Entwicklung von der dualen Rat-Bürgermeister-Verfassung zur trialen Bürger-Rat-Bürgermeister-Verfassung und vom dualen zum trialen Aufgabenverständnis gibt dem Rat, was des Rates ist, dem Bürger, was des Bürgers ist und belässt auch der Verwaltung, was der Verwaltung ist.

---

[16] Dazu näher Knemeyer, Kommunale Selbstverwaltung neu denken, DVBl. 2000, S. 876 ff.

Abkürzungsverzeichnis

a.F.	alte Fassung
Abs.	Absatz
Alt.	Alternative
Art.	Artikel
BauGB	Baugesetzbuch
BayGO	Bayerische Gemeindeordnung
BayLKrO	Bayerische Landkreisordnung
BayVBl.	Bayerische Verwaltungsblätter
BayVerfGH	Bayerischer Verfassungsgerichtshof
BayVGH	Bayerischer Verwaltungsgerichtshof
BayVwVfG	Bayerisches Verwaltungsverfahrensgesetz
BranGO	Brandenburgische Gemeindeordnung
BranKrO	Brandenburgische Kreisordnung
BV	Bayerische Verfassung
BWGO	Gemeindeordnung Baden-Württemberg
DÖV	Die öffentliche Verwaltung (Zeitschrift)
DVBl.	Deutsches Verwaltungsblatt (Zeitschrift)
DVO-GO	Durchführungsverordnung zur Gemeindeordnung
FN	Fußnote
GG	Grundgesetz
GOLSA	Gemeindeordnung Land Sachsen-Anhalt
GONW	Gemeindeordnung Nordrhein-Westfalen
HGO	Hessische Gemeindeordnung
i.S.d.	im Sinne der/des
JZ	Juristenzeitung
KommP BY	Kommunal-Praxis Bayern (Zeitschrift)
KommZG	Gesetz über kommunale Zusammenarbeit
KrOLSA	Kreisordnung Land Sachsen-Anhalt
KrONW	Kreisordnung Nordrhein-Westfalen
KVM-V	Kommunalverfassung Mecklenburg-Vorpommern
KWG	Kommunalwahlgesetz

LT-Drs.	Landtags-Drucksache
NGO	Niedersächsische Gemeindeordnung
RhPf-GO	Gemeindeordnung Rheinland-Pfalz
RhPf-LKO	Landkreisordnung Rheinland-Pfalz
S.	Satz/Seite
SaarlKSVG	Kommunalselbstverwaltungsgesetz Saarland
SächsGemO	Sächsische Gemeindeordnung
SächsKrO	Sächsische Kreisordnung
Schl-HGO	Gemeindeordnung Schleswig-Holstein
Schl-HKrO	Kreisordnung Schleswig-Holstein
ThürKO	Kommunalordnung Thüringen
VG	Verwaltungsgericht
Vgl.	vergleiche
VwGO	Verwaltungsgerichtsordnung
VwRR BY	Verwaltungsrechtsreport Bayern (Zeitschrift)
WRV	Weimarer Reichsverfassung
ZG	Zeitschrift für Gesetzgebung

Die Autoren und Mitarbeiter

Christian Gebhardt, RA Dr. jur. Wissenschaftlicher Mitarbeiter am Kommunalwissenschaftlichen Forschungszentrum Würzburg.

Otmar Jung, Dr. jur., Privatdozent für Politikwissenschaft und Zeitgeschichte am Otto-Suhr-Institut für Politikwissenschaft der Freien Universität Berlin.

Franz-Ludwig Knemeyer, Prof. Dr. jur., Ordinarius für Staats- und Verwaltunsrecht, Vorstand des Kommunalwissenschaftlichen Forschungszentrums Würzburg.

Andreas Kost, Dr. sc. pol., Dipl. Soz.Wiss., Referent im Referat Publikationen der Landeszentrale für politische Bildung Nordrhein-Westfalen, Düsseldorf und Lehrbeauftragter an der Gerhard-Mercator-Universität Duisburg für Politikwissenschaft.

Aus unserem Taschenbuchprogramm:

Heinrich Oberreuter/Uwe Kranenpohl/
Günter Olzog/Hans-J. Liese

Die politischen Parteien in Deutschland

Geschichte – Programmatik – Organisation – Personen – Finanzierung

Klaus Rothe

Politik verstehen – Demokratie bejahen

Politik und politisches System in der Bundesrepublik Deutschland

Franz-Ludwig Knemeyer

Bürgerbeteiligung und Kommunalpolitik

Eine Einführung in die Mitwirkungsrechte von Bürgern auf kommunaler Ebene

Hermann K. Heußner/Otmar Jung (Hg.)

Mehr direkte Demokratie wagen

Volksbegehren und Volksentscheid: Geschichte – Praxis – Vorschläge

Rolf Heiderich/Gerhard Rohr

Wertewandel

Aufbruch ins Chaos oder neue Wege?

Horst Pötzsch

Deutsche Geschichte von 1945 bis zur Gegenwart

Die Entwicklung der beiden deutschen Staaten

Karl-Joseph Hummel
Deutsche Geschichte 1933 - 1945

Fordern Sie unser Verlagsverzeichnis an

81377 München – Fürstenrieder Str. 250 – Telefax 089/71 04 66 61